就算你不喜歡，
還是要尊重啊。

今生好好愛動物

寶島收容所採訪錄

馬尼尼為——文字・插畫

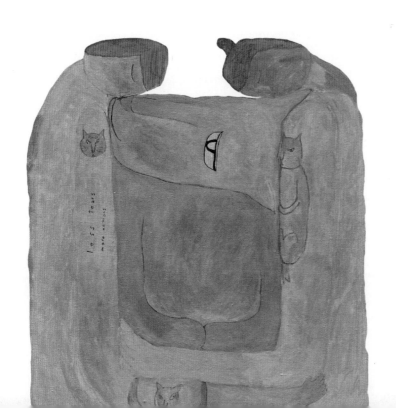

以繪本為流浪動物發聲

文／國家文化藝術基金會董事長 林淇瀁（向陽）

　　國藝會臺灣書寫專案在二〇二三年邁入第六屆徵件，是臺灣第一個以非虛構書寫為主題的補助專案。馬華作家馬尼尼為這本《今生好好愛動物──寶島收容所採訪錄》是本專案推出的第四本作品。作者馬尼尼為，來自馬來西亞，蟄居臺北已超過二十年，兼擅散文、詩與繪本，是一位跨領域的傑出創作者。她曾於二〇二〇年獲得OPENBOOK「年度中文創作」好書獎，也曾獲邀於桃園市立美術館展出和駐館藝術家；二〇二一年又獲選香港浸會大學華語駐校作家、鍾肇政文學獎散文正獎、打狗鳳邑文學獎散文優選、金鼎獎文學圖書獎等，無論視覺藝術或文學創作，都有亮眼成績。國藝會能從旁促成《今生好好愛動物》的出版，與有榮焉。

馬尼尼為長期關懷流浪動物議題，這本新書，集結她在動物收容所的訪談、觀察及切身體驗，為流浪動物發聲，也藉此呼籲社會好好愛動物。這是一本獨特的、兼及報導的繪本，共收錄逾一百五十張畫作，畫作裡貓狗圖像與人類一樣大，表現出她視動物與人皆平等的視角。馬尼尼為在完成這本書的田野調查過程中，從站在門外的觀望者，到深入所內的照護者，也從採訪者到流浪貓狗的領養者，最後成為照顧貓狗的志工。她在收容所最偏僻、不被參觀民眾看見的角落，目睹貓狗在無人聞問、與屎尿共生的生活環境，以及身上爬滿蟲蝨、染病、最後被安樂死的慘狀；她也從收容所工作人員、志工的切身故事案例，看到臺灣現行法規及制度面的侷限不足。這些親眼目見，使她堅定完成本書的信念，面對流浪動物的生命，她以這本繪本深度帶領我們了解臺灣動物收容所的問題，足以提醒相關機構，盡力改善動物收容現況，用心可感。

　　「臺灣書寫專案」源起於國藝會第八屆董事鄭邦鎮教授的倡議，於二〇一八年由前任董事長林曼麗教授促成。專案鼓勵作家以臺灣觀點為本，透過書寫，深入臺灣社會，從歷史、環境、族群、生活與文化切入，進行密集訪談、深度報導，並與世界對話。這個專案獲得馥誠國際有限公司、金格企業有限公司支持，成效甚佳。我要代表國藝會向這些企業及其負責人表達敬意，也期望有更多企業投入推動臺灣文學與文化藝術的行列。

寫在前面

「你畫這麼多籠子要把誰關進去？」兒子天真地問。

台灣是不是全世界有最多動物籠子的國家？

因為動物收容量大，間接熱了籠子工廠吧。那些製作籠子的人，會知道他們的籠子在收容所一個一個堆著、裡面有一隻一隻動物無處轉身嗎？他們沒有見到動物住進裡面的模樣吧。

我每回看到都會想，為什麼這麼小！不管是大狗、小狗、中狗，只要是籠子，就是一個小得根本不合動物生存品質的空間。這裡又不是動物園，可又無奈必須長期收容動物。

那籠子關的不只是動物，在這裡的人也被關在裡面，無法跳脫出來。我把工作人員畫進籠子裡，有時也會想把志工放進籠子，但那是因為他們有同理心，可以感受動物的處境。

*

這是一本文字量很大的書，無法一一配圖，我先挑一些比較有畫面、重要的情節，一種是和情節有對應、一種是作為情緒的渲染或放大，最後再放上少數照片作實際參照、以及一本志工組長介紹我的，一個早期台灣動保社團「台灣動物研究社」策劃的絕版書：《動物權與動物福利小百科》中幾張（少於十）相關頁面，直接置入關鍵字，比如「安樂死」、「麻木」等，作為看似感性的文字去敘述背後的歷史支柱。在小圖、中圖、大圖（跨頁）的交錯下，配上我無法捨棄的關鍵照片，也是把讀者拉回現實的證物（說明我沒有作假），文中沒有一個事實作假。

這些圖，我盡量捨棄顏色，只有簡單的黑線及藍灰色系，藍色是回應這個「天龍」中的「天空色」，它也象徵自由或自然，也是相對於中性的顏色。在我的電腦「二〇二二收容所圖」中我掃描了超過五百張圖，我盡量克制情緒（偶有情緒滲透也不意外），希望做一個中性的陳述者，不管是文或圖；但我也清楚無論誰選了什麼題目，主觀意識必定已經滲入。

　　我把人做得很小，比狗還小很多很多。因為人類一直以來的人類本位、中心主義，才把動物害得那麼慘，去掉人類本位的畫圖方式，就是把人變得很小。

　　在我反覆和這些文圖過招時，我沒有離開過我的訪談對象及場所，甚至更加親身深入它。輯三是我個人的部分，作為全書的補敘。

　　＊

　　「這是一本用生命換來的書」，這樣講也許有點超過，但卻是我做了這麼多的書，第一次感覺到「難」。這本書不是坐在家裡就會生出來的，其他是。我沒去算，也許在外面的時間多過在桌子前面對的時間。生命，指的是時間與汗水。這生命也不光是我的，更是所有寫進去的志工的生命。我也不想用「改變我人生」這種話，但確實因為做這本書，從零、到溢出一百的心理與身體經驗。

我記得最後一次訪問溫蒂，她送我到門口，當時我準備要當志工了，她說一句「自己體會」。那時我完全沒想到「自己體會」會是怎樣的事，也完全沒放在心上。「自己體會」後看到什麼收容所的採訪報導都覺得，那太沒什麼了。他們問的人，可能是剛到職不到三個月的人。那些被推派去接受採訪的人，講的也是一些官話。要採訪這個單位太難了。我有時會想，要是再晚幾年來做、或者不是在疫情時來做，溫蒂可能就不想講了、她可能不會講那麼多。要不是遇到她，我很肯定，不會有這本書。而彰顯台灣公立收容處事態度的卻是，全書不能提及她的名字，也不能放她美美的和動物的照片。

　　＊

　　有時我看著一屋子的書，和那些活著的動物相比，有人再問我寫詩的事、沒有靈感的事，我就會想說，去領養、去照顧一隻動物吧，不要再想自己的事。但我沒有這樣說出口過。

　　你為什麼要去收容所？
　　因為阿美給我的能量太多了。
　　養到像牠那樣的貓，我才有了給愛的能力。

　　＊

　　鄭重誠摯感謝所有匿名接受採訪的志工及工作人員。
　　以及在他們背後支援、支持的人類和寵物。

　　　　　　　　　　　　　　　　　　　　　　　　　　今生好好愛動物

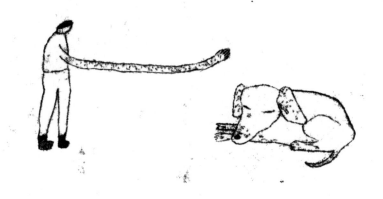

今生好好愛動物

獻給
簡稚澄

會有一個又一個人
把你的故事傳下去

簡稚澄（1984－2016）

台灣人，畢業於北一女中、台大獸醫系。以第一名的成績考獲獸醫資格，卻選擇放棄獸醫高薪工作，任職桃園市新屋動物保護教育園區（動物收容所）園長。

她上班第一天，即安樂死六、七十隻狗。
當時的法令規定，在收容所十二天沒人領養的狗，將被安樂死。
回家後她大哭了一場。

對愛動物的人來說，親手執行安樂死，就算是還認識不深的狗，就算是心腸如鐵的人，每天做這種工作，也會受不了吧。
她會先帶狗出去散散步，吃肉條，再讓牠們安樂。

她上班了七年多。安樂了七百多隻狗。

二〇一六年五月五日晚間，她開車停在觀音區白沙岬附近，服下狗的安樂死藥物自殺。她服用安樂狗的藥劑。
五月十二日不治身亡。得年三十二歲。

二〇一七年前，台灣《動物保護法》規定「十二日內無人認領、認養或適當處置」的流浪動物，收容所可依法採取「安樂死」的「人道方式」解決收容動物爆量的問題。

　　光是在二〇一五年，就有一萬〇八百九十二隻流浪動物被安樂死，另外合計八千六百三十六隻死於收容所。

二〇一七年二月六日
《動物保護法》修改後，政府刪去前述收容所安樂死收容動物的「十二天規定」，執行的「流浪動物零安樂死」政策，明訂僅有「患有法定傳染病、重病無法治癒、嚴重影響環境衛生之動物或其他緊急狀況，嚴重影響人畜健康或公共安全」的流浪動物，收容所才能採取安樂死。

　　但是零安樂並沒有解決收容所的窘境，數量爆增，領養率遠不及收容量。
所內動物的生活環境、品質，還是沒有解決。

媽媽
你不能理解的
我喜歡動物
喜歡這種有毛的臉

今天要做六十隻

我像死了六十次

媽媽

每一隻狗走後

他們死亡的重量

都還壓在我身上

下輩子不要當狗

知道嗎？

當我和樹根在一起

它們比花朵更令人愉悅

當我和一塊石頭說話

它像鐘一樣響了

注一　此段出自聶魯達的詩〈太多名字〉
原文為：
When I lived among roots
they delighted me more than flowers,
and when I talked to a stone
it echoed like a bell.
--Pablo Neruda, *Too Many Names*

媽媽
七年，我安樂死了許多隻狗
我身體的一半已變成
那些死去的狗

好重喔

我想坐下來

我想躺下來

生命並沒有不同
我也會因為狗的
安樂死藥而死去

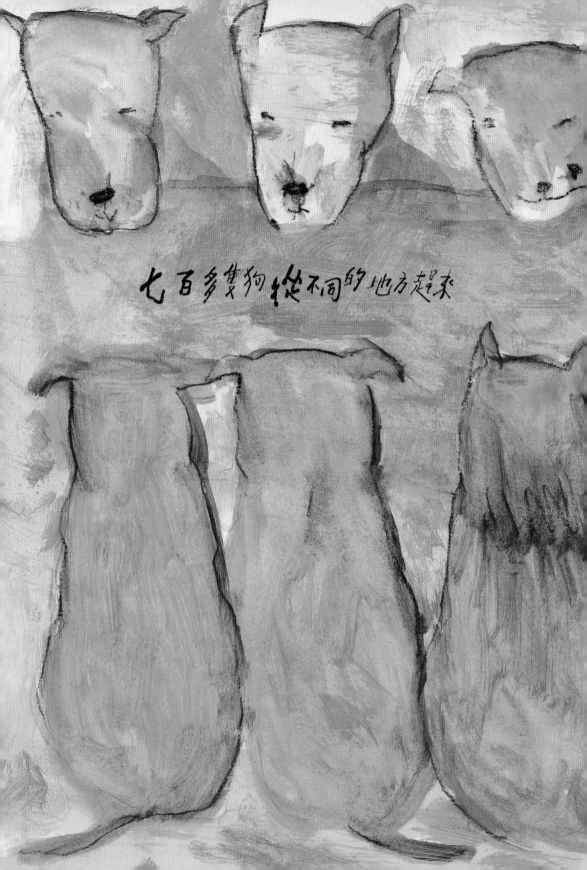
七百多隻狗從不同的地方起來

被關在籠子裡，沒東西聞，

沒東西聽，沒東西看，

什麼都沒有。

最後全身骨頭變得硬邦邦

鬍子變成廢物

一動也不能動這樣是怎樣

不能在地上跳來跳去是怎樣

不能自由走來走去

不能曬到太陽又是怎樣

注二　　改寫自 *Mousewife*, 1951, Rumer Godden，轉引自《閱讀孩子的書》，河合隼雄。原文摘：母老鼠內心的衝突達到頂點。那天晚上，她想著鴿子的事，一夜未眠。想要到鴿子那兒去，但自己有自己的工作，實在沒辦法──正在這樣想的時候，她突然驚覺，「那隻鴿子，不能讓牠關在籠子裡！」

想到這個，母老鼠生起氣來。

「不能在地板上跳來跳去是怎樣！不能自由進出窩巢，不能爬到架子上偷乳酪，又是怎樣！……（中略）……被關在捕鼠器裡，沒東西聞、沒東西聽、沒東西看，什麼都沒有，最後全身骨頭變得硬梆梆，鬍子變成廢物，一動也不能動這樣是怎樣！」

母老鼠只能以老鼠的方式思考，不過鴿子的感覺，她懂了。

「看看下面，好多好多的人類，
真可怕！」

有的狗這樣說，原本只有梅子
那麼大的心臟，縮得更小了！

「誒？可怕的人類
又伸出手想要抓我們了！」

注三　改寫自《轟隆轟隆喵》，長新太，後記〈貓大叔的話〉，原文摘：
「這是哪裡？不可以想這種問題。我們身處無法計測的空間裡。」貓大叔這樣說。
貓咪們，各自自由地展開幻想的翅膀飛行。
「誒？可怕的人類，又伸出手想要捉我們了！」有的貓這樣說，原本只有梅子那麼大的心臟，又縮得
更小了。「這隻巨大的手，是我們內心對人類不信任的象徵。」也有像這樣，進行哲學性思考的貓。

我們這些野狗，竭盡全力，
拼命地活著

如果一生當中，都只是隨時
提防著人類，爲了躲避他們
四處逃竄，最後被關進
收容所。

這樣的生命是怎樣

注四　改寫自《轟隆轟隆喵》，長新太，後記〈貓大叔的話〉，原文摘：
　　　今天晚上，要睡哪兒？
　　　我們這些野貓，竭盡全力、拼命地活著。正因爲如此，有時我們必須乘著幻想的飛機，在空中飛
　　　翔。如果一生當中，都只是隨時隨地提防著人類與狗，爲了躲避他們四處逃竄，這是生命無法忍
　　　耐的。直視現實的心，與戲耍於幻想之心，必須巧妙地取得平衡。喵～喵～哈哈哈！說著說著，
　　　貓大叔笑了。

媽媽，
我想了好多的事
做了一個很長的夢
夢見每一隻狗都回家了
家的味道 毯子的味道
食物的味道

那些人把收容所當成——
免費的動物老人院、
傷殘病院、精神病院、全民動物垃圾場。

我們通常所謂的「了解」，就是「簡化」。

渴望簡化情有可原，但簡化的結果不一定合理。

收容所不能被簡化。

人類，也就是我們，有潛力製造出無限量的痛苦，而痛苦是唯一可以無中生有的力量，不需付出代價，不需努力嘗試，只要不看、不聽、不行動就可以完成。

——《滅頂與生還》（*I sommersi e i salvati*），普利摩·李維（Primo Levi）

目錄

輯一 CHAPTER 1

呼喚 Calling

（年數以採訪時期 2021 年 8 月 - 12 月為準）

呼喚

（Calling 也含志業、志工的意思）

Calling

溫蒂，志工11年

（本篇照片皆由溫蒂提供或作者拍攝，除另特別註明外。）

放棄醫師身份，
夢想可以用志工來圓滿

溫蒂在天龍收容所做志工十一年了。她是獸醫。放掉好好的正職不做，在這裡做沒有錢的志工。一開始我覺得不可思議，很久之後，我才慢慢體會「動物志工」和「獸醫師」的切身差別。

那天早上，我已經跟過溫蒂幾次之後，她第一次坐下來好好跟我說話。除了大廳外，動物之家（動物收容所）沒有特別可以坐下的地方，她於是領我到外面寫著「犬互動室」的小隔間，裡面堆滿箱子，我們坐在箱子上說話。領養人和狗的「犬互動」現在在大廳暫放的幾個柵欄裡進行，空間比較大，這個隔間已變成亂七八糟的雜物間了。

那天早上，溫蒂先開車去特力屋買墊子給狗。因為昨晚清潔人員傳了訊息給她，說佐佐木會滑倒，需要瑜伽墊。我沒有特別問是她自費還是協會出錢，這已經算小錢了。

她去買了一大疊地墊，還有兩、三塊瑜伽墊。一到所內她就非常忙碌，醫助找她、獸醫找她、志工找她，還加上我要找她。動物之家的人，從所內正職到外包團隊、志工群，沒有人不知道溫蒂。她名義上是狗志工組長，在這裡服務及私下付出的時數，應該沒有人可以超過。十一年了，還有一些志工比她久，但投入的時間沒她那麼多，所內員工也沒有人比她久。

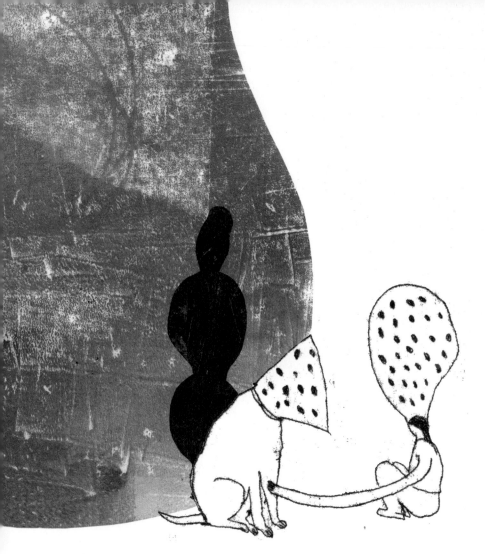

「人家一定覺得我腦筋有洞，連我媽之前都會說，收容所有給你錢？」

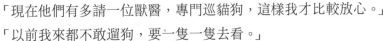

「現在他們有多請一位獸醫，專門巡貓狗，這樣我才比較放心。」

「以前我來都不敢遛狗，要一隻一隻去看。」

（一般志工去動物之家就是遛狗，但溫蒂要優先關照的是病狗。）

我後來才懂溫蒂在做什麼，她到底在「看」什麼。她自己帶雞肉、牛肉，一籠一籠地餵一點，其實是在巡籠，用餵食來看狗的狀況。不知道的人以為她只是在發放零食，其實她是結合獸醫的背景在看動物，看動物有沒有食慾、飼料有沒有吃、藥有沒有吃，看哪一隻需要被帶出去醫療，看狗需要什麼，有時缺一個水碗，她都會幫忙拿來放，還有拍照貼文幫狗找中途之家、找協助等等。她也會遛幾隻特別難帶的狗，每隻都要看看、摸摸、說說話，除了帶出來遛，順道看看尿尿及大便的狀況也很重要，另外像是四肢、皮膚有沒有異樣在籠子裡也看不太出來。

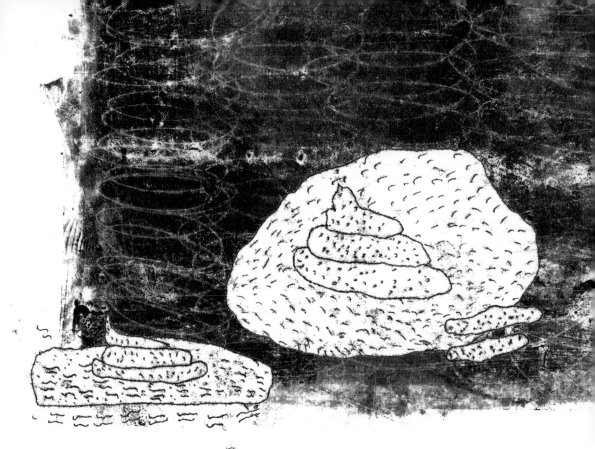

「為什麼放棄當獸醫？」一定很多人問過她這一題。

一開始我叫她王醫師，她說：「我很久沒執業，叫我名字就可以了。」

「以前執業時我是那種會把狗抱到床頭照顧、半夜會去看狗的人。所以，久了會覺得累。」

「會有職業倦怠。」

「後來我結婚了，就想說不要做了。」

「幫我先生的音樂教室坐櫃檯，可就是覺得無聊。」

「我本來想去做動保救援隊志工，可是那一年的受訓剛好過了。我先生就說，不然去收容所……」

「之前執業時認識一些愛媽*，假日會帶美容師、朋友一起去狗園洗狗、剃毛。」

「當志工後也會約其他志工一起去狗園掃大便。」

＊ 愛媽是愛心媽媽的簡稱（男性則是愛爸）。在動保領域中指喜愛流浪貓狗，會給予牠們食物或收容照顧的人。

今生好好愛動物

「執業時是做美容，當志工後是掃大便？」

「哈哈，看狗園的需求啦！有些狗園需要的很基本，就是掃大便啊。」

「天龍市？有很多狗園？」

「新北市比較多啦，之前常去的是張媽媽狗園。有一次張媽媽早上打電話來，說身體不舒服，我和我先生一個早上就幫忙把大便掃完了，張媽媽說：『什麼？全部掃完了！』」

（我後來才意識到掃及撿大便是狗志工一定會面對的事，撿及清大便很平常，但是所內其他工作人員就沒有志工這種隨手撿大便的習慣。我常常看到公共空間有狗大便，他們會說是志工沒撿。）

說到撿大便，溫蒂突然想起一事：「這張照片我一直沒刪。」

那天她在弄另一隻狗時，瞥見隔壁籠，是一隻類比特。因為類比特比較兇，他們幫牠清耳朵時會先麻醉。當時已經弄好了，正要移回籠子，籠子裡有一大坨大便，那籠子很小。

動管員和獸醫師把類比特抬回去時，沒有順手清掉那坨大便。

「牠要和那坨大便一起過夜啊？沒清掉的話。」

「牠退麻時昏昏沉沉，一定會踩到，弄髒全身的！」

到時，誰又要幫牠清洗？

我湊過去看那張照片。照片拍的是被移回籠子後昏迷躺著的類比特。距離牠頭部很近的地方就有一坨大便，離牠的前腳也很近。

「他們不會清的吧！」我說：「你要把這照片傳給上面看嗎？」

「這種小東西不會傳啦。」她苦笑。

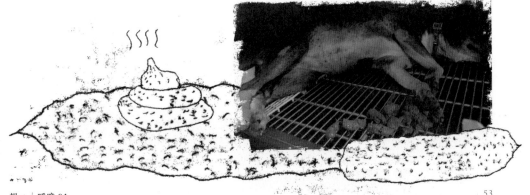

「為什麼你這麼喜歡狗？小時候家裡有養？」

「對，小時候家裡有養狗。但有一次我媽媽不知為何把一隻黃狗弄丟了。」

「我和妹妹放學回家找不到狗。妹妹一直找。」

「找不到？」

「對。」

「可能就是因為找不到狗這件事。」

「國中的時候我很常做白日夢，想要訓練流浪狗、幫助流浪狗。」
「白日夢的畫面是什麼？」
「就是讓狗狗學會坐下、握手，模樣很可愛，就會被領養。」

（「讓狗狗學會坐下、握手，模樣很可愛，就會被領養。」這句話我一直到當志工後才了解。）

今生好好愛動物

「獸醫來當志工不會很奇怪嗎？」

「會啊！每個人都問我為什麼來當志工？」

「我那時會說，獸醫當久了沒愛心。」

「十一年前（二〇一一年），當時志工制度一定和現在不一樣吧？」

「當時只要實習兩天，然後有一個面試，會問你狗卡怎麼看之類的。」

「還有一個問題到現在都沒變，就是——你對安樂死的看法。」

「現在回想，我是當志工後才實現了這個夢。」
「可是，我現在做的已經比這件事複雜得多。」

「那時還有安樂死，所以大家都很積極。假日一天可以二、三十隻狗被認養。」

「那時週末大薇拔會把四十隻狗牽出來，給大家認養。」

「大薇拔是因為女兒來當志工不放心，也跟著來。那時志工沒有組織，沒有組長等職位，就是大薇拔帶領我們。現在大廳的柵欄就是大薇拔買的，那時狗牽繩都沒有，肉乾也是，要志工自己買。後來有撥一筆錢給志工買肉乾，不過大部分的志工還是自己煮雞肉、牛肉帶來。」

「大薇拔現在沒來了，應該是對所方很失望、很無力吧。他的很多意見沒被採納，感覺志工這身份很受限。」

「第一天，被叫去搬屍體。」

「可能是想測試志工吧。」
「嗯，很多屍體已經開始融化，流出血水。」
「搬了很久？」
「他可能只負責開車。」
「不是開車的人負責嗎？」
物屍體用。所內沒有焚化爐，火化是外包。）
（所內後方的隱祕處，有一座冰庫。堆放動

「那時常常一個假日可以被領走二十隻，現在的領養率反而超低，可能是因為那時有急迫性吧。」

「來的人知道動物若沒被領走，週一就會被安樂死。」

「週一如果要被安的少於二十隻，他們就不會找外包來處理，就不用被安，可以多活一個禮拜。」

「一次會安四十幾隻。大薇拔會拿到那份安樂名單，我們就拚命送養。」

「那時一個籠裡只有一、兩隻狗。」(現在有三到八隻。)

「大薇拔發現，說我的車牌1395是──醫生救我！」

「被退的多嗎？」

「不太有，應該是大家知道退回來就是被安吧。」

（也有媒體報導，主人來棄養狗，收容所告知沒人接手就會被安樂死，主人一樣狠心離去。）

「那時候，當志工就是感覺有幫忙到動物。志工能夠撐下去，就是因為知道自己有幫助。」

安樂時期的領養盛況。（照片提供：大薇拔）

當時每個月最後一個星期天的領養會，大薇拔會做逐點拍照紀錄，做成一張 pdf 檔留存。他會從早上十點開始逐點紀綠。我有幸看到二〇一〇年二至十月的檔案，每看一次就感動一次。照片中出現很多寫在手掌上的神祕數字，我不禁好奇問了一下，原來是每一次、一天內被領養的貓狗數目。

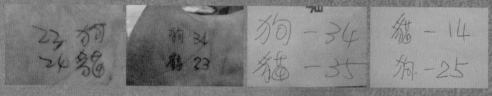

今生好好愛動物

大薇拔規劃，讓安樂名單上的狗在門口定點排好，方便民眾認養。

他每回會寫下簡短後記：
（二〇一〇年十月）
……
12:44～虎大王的救命恩人！
14:41～擠滿門口！～～好像暴動喔！
16:10～過四點了！停車場還爆滿！
16:26～哇！超時太久了！姚姐，對不起了！
16:34～哇！超時太久了！燕醫師，對不起了！
16:40～哇！超時太久了！陳醫師，對不起了！
17:08～還沒完啊！真是對不起了！

謝謝大家幫忙，總共領養出去：貓四十七隻，狗十六隻。
感謝。
找到幸福的貓狗，你們要惜福。
仍然留置的貓狗，如果你們還有機會活著，那我們再努力。
謝謝大家！十一月二十八日相約動物之家再見。

「後來（所內狀況）變壞的轉折是什麼？」

「人。」

「有一位台大獸醫，很愛鬥，亂安動物。」

「搞到志工都不想來。他一直整志工。」

「台大獸醫？」

「對，台大。」

「腸炎安、心絲蟲都安，其實那都治得好。」

「搞了一大堆儀器，超音波、洗牙機什麼的，結果也沒在用。沒有人會用。」

「他有時間幫收容所的狗洗牙？」

「後來要用那機器時，一拿起來就斷了。」

「當時我看到一隻狗，皮已經見骨，傷口有味道，他們也沒處理。藥開了，包裝全是新的，也沒餵。」

「我就問了一下……」

「當時有三位獸醫坐在櫃檯，說：你以為這裡是動物醫院嗎？」

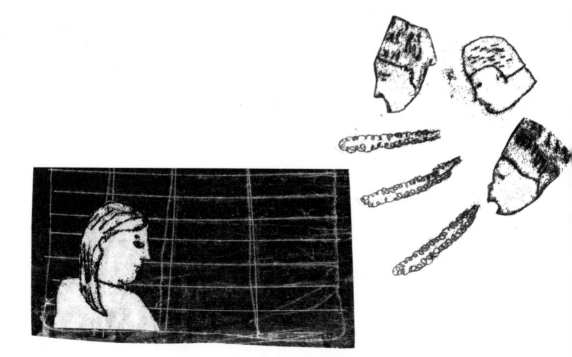

（「這裡是動物醫院嗎？」這句話我後來想了很久。這裡有獸醫、有診療，和動物醫院究竟哪裡不一樣呢？

收容所的醫療設備很基本，甚至很舊了，像是血檢機，可能不準；X光機，可能照不到東西；麻藥，用的可能是外面診所已經沒在用的；藥，可能是沒那麼好的……像一般貓口炎，口腔有問題通稱口炎，會先照口部X光，但所內沒有這設備，接著要麻醉、洗牙、拔牙，所內都沒有這些設備。有口炎的貓很多，他們只是打一針類固醇治標，如此一直下去，直到那隻貓耗竭死亡……溫蒂會把很多狗帶出去就醫，就是因為這樣，很多檢查也都要到外面做。我曾經想過要把口炎貓帶出去就醫，醫一隻至少六、七千到一萬塊，還要經過所內管道，沒有門路也做不了。有時會憤怒地想，管理這麼多動物的政府單位為什麼不把設備搞好，連吃的都不用心，全部都要無薪的志工扛，誰有辦法久留？）

「當時███處長在位，所方的立場是：志工是我們的敵人。」

「志工常會投訴所內，或者爆料給報紙。所內和志工很多衝突對立。」

「感覺就是這裡風水不好、氣場不好。」

「這裡是東西的垃圾場，也是人的垃圾場。」

「比如動保處有一大堆辦公桌椅不要了，就拿來這裡。這裡的人都想調到動保處，沒有人想留著。」

「後來來的█處長比較尊重志工，才有了改善。」

「現在的志工不知道以前志工很不被尊重。」

（後來我加入志工後，更切身體會有沒有受尊重的處境。要不是前輩志工那麼堅持、那麼專業、那麼熱血，才一點一點穩住了「志工」在天龍收容所的份量。）

（溫蒂看似輕描淡寫地說出這一段，其實裡頭大有文章。超過十年的志工都隱約提過，所內不喜歡志工；但是，如果不知道曾經發生過什麼事，不會知道那一段對動物、對人都很黑色恐怖的時期，沒有人想要提起。重挖這段往事我也很猶豫，畢竟已經過去了，是否有必要重提傷心事？不過，歷史是可能重演的……二○二三年某月，那三位獸醫之一回到收容所擔任要職。）

「我以前在外面也安很多。」
「那時沒感覺。」

「很多志工是陪狗走的。」（陪狗走進去安樂。）
「他們都知道狗不想死。」

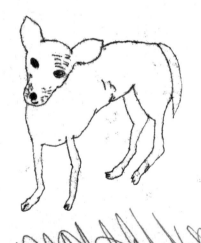

「他們現在還在嗎？」
「沒有了。」

「以前的手術室在這裡。有一天早上，十點多我們就看到──」
「『幹！！！』那個獸醫邊罵邊把被安死的狗丟出來。」
「放在推車上還掉出來。我老公就去把牠們扶好。」

（那些就是要安給志工看的。）
「就像《十二夜》講的，就算你不喜歡，還是要尊重啊。」

「為了整志工，到了中午、午休，大家準備出去買飯的時候，一個動管員從樓上下來，一個獸醫從後面出來，直接在我們志工前面把狗帶去安。」

「都是志工有在帶的狗，親人的。」
「我們也不能做什麼啊！」

今生好好愛動物

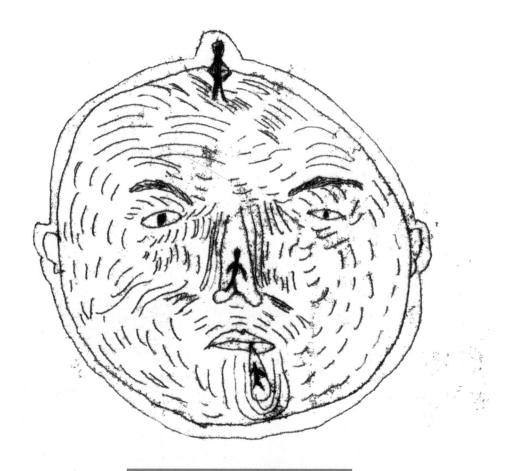

「我到現在都還記得那種奸笑。」

「你問我為什麼每一隻狗都認識。我那時就是坐在補習班櫃檯貼文，一隻一隻狗輸入牠們的資料。」

她秀給我看當時他們放在痞客邦的貼文。

「那時所內人員會看，這是哪一位志工貼的狗，就先安那隻……」

（一般安狗是週一休假日或者四點閉館後、沒有民眾參觀時。結果淪為一種「變種」的、操控在某人手上的「賜死權」。）

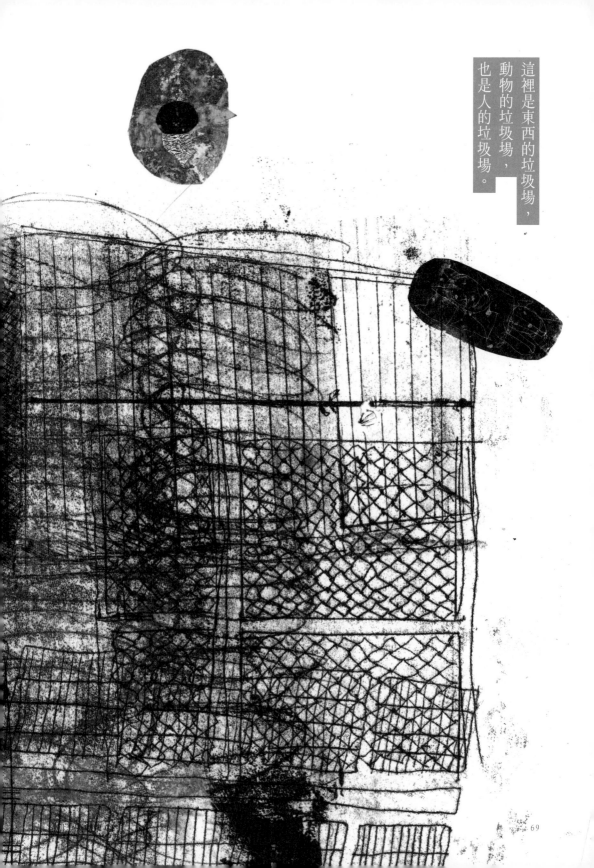

這裡是東西的垃圾場，
動物的垃圾場，
也是人的垃圾場。

69

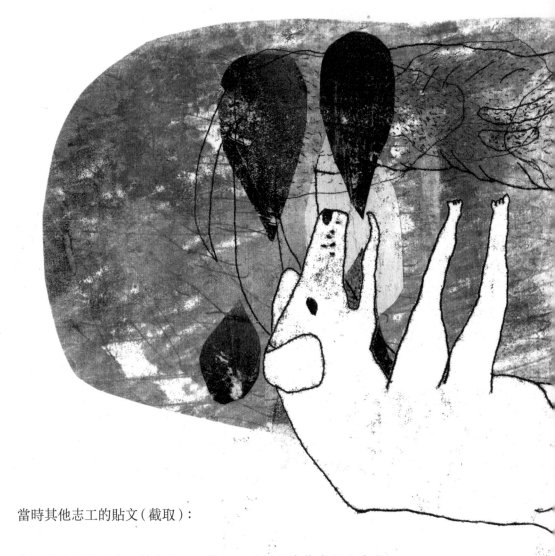

當時其他志工的貼文（截取）：

今天要被領養的有心絲蟲親人的牠……已經躺在收容所的冰庫裡！
為什麼昨天都知會收容所了，收容所還是安樂死牠……
欲領養的沈小姐打給我，
哭著跟我說，
今早出發前打電話跟收容所確認，
結果收容所支支吾吾了半天，
後來才說狗被「安樂」死了！

今生好好愛動物

　　明明是已經有人要領養的狗，因為有心絲蟲，還是被安了。相較有些生病、奄奄一息的，收容所反而不會安，而是對有機會活下去的狗痛下毒手。

　　那位獸醫用這種手段來警告一些「不聽話」的志工。當時所內有心絲蟲的狗也沒有馬上安，明顯是因為那隻是「不聽話」的志工在帶的狗，所以故意要讓她難過。

二〇一三年，天龍收容所已經領先全台，沒有（因為數量）撲殺。
（台灣是在二〇一七年達到零撲殺，而天龍市收容所在二〇一三年就已經零撲殺了。）
「停止安樂法是二〇一七年上路的，這裡更早就停了。」
「可還是有很多情況會被安。像貓瘟、狗瘟，高傳染性、腸炎、人畜共通的病，只要驗出來就是安。四合一只要中一個就是安，心絲蟲病、艾利希體病、萊姆病和伊文氏艾利希體。」

臺北市動物保護自治條例
收容動物疑患傳染病、受傷或其他緊急狀況，管理人員應立即通知獸醫師為必要之處置。
前項動物患有法定傳染病、重病無法治癒、嚴重影響環境衛生、人畜健康或公共安全，或為解除其傷病痛苦時，得以人道方式宰殺之；可通知原飼主者，並應先行通知原飼主。

她在二〇一七年貼文：一隻被合法棄養的吉娃娃
零安樂不代表不會執行安樂死，也不代表收容所是醫院，能夠照護牠們。陪伴了你一輩子的牙齒都掉光、白內障、心臟病、腹水，一句話「沒錢治病」就把那麼可愛的牠留在收容所。每天都在看盡人性醜惡……
（吉娃娃後來被願意陪牠到老的人領養，居然活到現在！真的！二〇二一年十二月。）

「這隻進所沒人醫沒人理，po文後愛媽請尤司機來帶的那天都要掛了（右頁下圖），之後健康活了好幾年，直到最近有些病痛。這愛媽帶了好幾隻我po的狗，都活好久。」

那位愛媽在五年後貼文，展示那隻狗好好地活了五年，活到現在。當時帥爺是癱的，全身褥瘡，眼睛全是眼屎，耳朵髒到讓人無法招架，所內還不讓愛媽領養，說她是要利用這種狗去募款。

狗到她家時，很緊張，還吠她。剛好有個寵物溝通師在身邊。

狗問：「你帶我回來幹什麼？」

「媽媽帶你回來是要好好疼愛你。」

「哪有可能？我在那裡看過好多人，每個人看到我都像看到鬼一樣，怎麼可能有人會救我愛我疼我？」

「你到時就知道真的假的了。」

「上次她（吳愛媽）從高雄開車上來帶一隻被主人棄養在收容所、眼瞎、會咬人的老狗（白妞）。我從大犬舍一牽出來，狗竟然撲向在櫃台的她，開心撒嬌⋯⋯」

*

「那位獸醫來以後，不准志工保母或醫療這些犬貓。以前可以幫到忙，反而走向零安後什麼都不能做。」

（除了天龍市，其他縣市是可以讓民眾保母貓狗，等狀況好了再回來。天龍市因為曾經有兩位民眾保母純種狗後不願歸還，改為只限志工可以帶出去保母。該獸醫來了之後，一度禁止志工帶貓狗出去，後來慢慢人事變遷，制度才又改回來。）

（目前志工可以把貓狗帶出去保母。這條規定不知道救了多少動物。有兩位資深的貓志工，每年都會至少帶出去一百隻貓，特別是幼貓、幼犬。志工帶出去醫療、終途的更是不在話下。）

「那時，他們餵食也不給志工看到。」
「為什麼？」
「可能對狗會有一些暴力動作吧。」
「沒有一隻狗給一個碗？」
「沒有。」
「那牠們當然會搶啊。」
「那時的狗都很瘦，我還拿量杯去量。」
「飼料很臭，比魚飼料還臭，我們還拿出去驗。」

帶出去時站不起來，出所後被照顧得頭好壯壯的帥爺。（照片提供：咖啡媽吳宥榛）

「我還記得一些畫面。」

「有一隻狗從急傷回來，下巴都是蒼蠅，膿汁發臭。下巴被切掉了，傷口沒有處理好。」

「想說從急傷回來怎麼會這樣……」

（眼球被摘、下巴被切，急傷醫院拿了錢沒有治好就送回收容所，後來被安。）

　　*

當時外包醫療的徵獸醫師是這樣寫的：

獸醫師－內湖動物之家

徵 兼職獸醫師 or 短期全職獸醫師（為什麼是「短期全職」？）

工作內容：

1. 內科：　a. 民眾領養打預防針及衛教

　　　　　b. 疑難雜症只要有興趣都可依自己主觀意識嘗試處置（「依自己主觀意識嘗試」？）

2. 外科：絕育手術、外科手術最佳的磨練場所（「最佳的磨練場所」？因為這些動物全都無主，醫死也沒有人會提告。）

「當時結紮有外包送去外面，結果回來被燙傷！被保溫燈燙傷。」

「還有回來被磨牙的、變成有褥瘡的。」

「磨牙？」

「就是把牙齒磨平，不讓牠咬人。」

「急傷醫院沒有人在盯，所內的狗送去被做什麼、發生什麼事都沒人管。」

「醫院看那是沒主人的狗，沒良的就隨便做一做。」

「有些急傷醫院還會亂搞，我調帳單看過四、五萬的，什麼每天上麻醉，或者眼球沒壞去摘眼球的。如果你問小偉，她會跟你說更多。」

「最近救援隊有一位獸醫會盯急傷，才有改善。」

＊

「急傷醫院是什麼？」

「就是收容所的外包醫院，因為所內的設備、醫療都比較基本。」

「所內的設備沒有很好，Ｘ光、心臟超音波都沒有。」

「或者是救援隊接到在外面被撞的，會直接送急傷。所內沒有儀器，要送去照。」

「像安安（癱瘓貓，聽說本來要被安）就是我送去照Ｘ光的。」

「癱瘓為什麼要安？」

「放久了會爛。沒有人手幫牠翻身。有些完全不能動，有些還可以自己動一點。」

「急傷的經費，一年只有四、五十萬，可以救四十幾隻狗。可是常常到九月就完全沒錢了。」

「每隻動物只有一個固定的、不多的急傷預算。多出來的我們就去募款。」

「很多癱瘓狗都是徐文良接走的。」

「我們有去看，我們的狗很慘的，去到那裡都被照顧得很好。」

「他怎麼做的？」

「花很多錢，請很多人。」

「請四十幾個人。」

「四十幾個人！」

「收容所根本沒有人。」（沒有人力照顧癱瘓動物。）

　　＊

「有志工去告過他們。」

「告什麼？」

「不當飼養之類的。在這裡拍到照片，有一隻狗在犬舍，不吃不喝，縮在那裡，沒有醫療。」

「都沒有告成。」

（動保法對飼養動物的要求有一項是飼主要提供醫療，但其實收容所自己都沒有做到。）

第十九條動物收容處所有下列情形之一者，得廢止其登記：

一 使用目的與原取得登記之內容不符，經限期改善，屆期仍未改善。

二 虐待或傷害收容動物，情節重大或經限期改善，屆期仍未改善。

三 對傷病或罹病之收容動物，不提供必要之醫療，經限期改善，屆期仍未改善。

「也禁止志工拍照外漏，說收容所的狗多慘，會誣衊內收。」

「以前領養，也不准我們加民眾的Line。」

「都是我們一點一點盯的。」

動物生活環境的豐富化
（ENRICHMENT FOR ANIMALS）

　　過去二十五年來，被捕野生動物亟需比過去更好的生活環境一事，已廣爲各方所接受。這固然使我們在照顧上能提供動物更多有利的生存環境，但是，在某些時候，這往往只是表面上看起來周到、人類自我安慰一下而已，對動物的「幸福」（well-being）狀況，不一定有多少實質的改善。因此，「豐富化」（enrichment）一詞，最好就侷限在指某種生存環境，在這環境裡頭，動物的「舒適」程度，不管是在行爲上或生理上，都有足供測量的明顯改善。

　　然而，「行爲層面的豐富化」和「環境的豐富化」向來有所不同；事實上，在改善被捕野生動物的生活這一點，它們是兩套根本上不一樣的思考策略。前者著眼於創造一種環境，使動物能表現出該物種特有的行爲。比方說，在水獺展示區偶而製造一些蟋蟀叫聲，並且配合一些裝備使牠們能夠獵捕蟋蟀，表現出水獺該有的種種行爲模式。至於「環境豐富化」這一方則認爲，我們應致力於提供一個更豐富的生存環境，而不需要刻意設計什麼「獵捕」的名堂，也不需要其它設備來誘發動物做出我們所期待的特定反應。舉例，假如在一個圍起的森林裡，裡頭提供了足夠的食物，這就足以讓黑猩猩（chimpanzees）充分表現出牠們應有的樣子。目前，「環境豐富化」一詞專指一切爲了改善野生動物的飼養環境所做的努力（見〈動物園〉）。要創造一個富於生機的飼養環境之方法，固然視物種而定，但是，還是有一些簡單又不太花錢的方法，可以同時適用於許多種動物……

——《動物權與動物福利小百科》，P159

動物收集者

（ANIMAL COLLECTORS）

　　「動物收集者」的非正式定義，是指一個人長期、不斷的收集動物，不但越收越多，且數量多過於他或她所能妥善照顧的量。一個人是否為收集者，數量並非必要定義因素。事實上，一個人收集多少動物之後，就從負責任的動物監護者，變成收集者或收集癖者，並沒有公定的數量。比較重要的是動物所受到的照顧，動物的身體或生理狀況，牠們所處的環境，以及在遇到合理減少動物數量的要求時，牠們的飼主會有什麼樣的反應。

　　「動物收集者」這個字眼對於從事人道工作的人，比對於社會一般大眾來說，有較為不同的意義。收集（collecting）通常被認為是沒什麼傷害或不好的活動，意指一個人因為對某種東西或物品（objects）的興趣遠大於一般人，而不斷收集累積的行為。而指稱某人為動物收集癖者——也就是動物收集者的同義詞——就從事人道工作的人而言，意味的是提出一項警告，表示其行為已帶來嚴重的負面結果。

　　調查動物數目異常情況的動物保護檢查員，往往當下就能分辨一個地方是收集者的圈養場所，還是——例如——生意人為了繁殖而經營的養狗場。進入動物收集者的所在地，通常會觀察到以下幾個情況：動物居處污穢、過於擁擠；關動物的籠舍或建建築物一片雜亂；吃剩的屍體；缺乏通風設備；動物表現出非社會化的行為或抑鬱；即使有食物，也不適當；以及極端的、長期的健康問題，諸如各種重度疾病、未加抑制的寄生蟲感染、受傷而未治療，和嚴重的營養不良；營養不良最常外顯為枯瘦，偶爾表現為過胖。

——《動物權與動物福利小百科》，P28

　　「你知道『████狗場』嗎？那個也被判無罪，說她不是故意的。」

　　「████狗場」事件，在媒體上僅有一塊小小的版面，大意是飼養不當——
狗吃狗煉獄：淡水████狗場　犬隻互啃飼料發臭長蛆

　　溫蒂平常情緒都很淡定，但提到這件事的時候，帶了一點點憤怒，說那是整個被抄了。後來，我再去找她時，她問我敢不敢看照片。她先生把iPad拿出來，還說，別的志工都說：「不要！不要給我看那種噁心的！」

結果，我看了，也恍然大悟她為什麼會憤怒。因為一開始，他們夫妻加上收容所的一些志工，會到██████狗場幫忙打掃，也會捐錢。

可是有一次，██████（一位七旬老太太）不讓他們開一扇門，他們於是起了疑心；再後來，那道門又被加了鎖⋯⋯

他們更覺得不對勁。後來決定兵分兩路，一幫人纏住老太太，一幫人去破門⋯⋯

結果，裡頭就是：首先，地面是長年沒清的狗屎尿已成泥漿，有的狗被關在籠子裡，有的在外面走。狗看起來沒有被餵食，民眾愛心捐助的飼料在上面疊得高高的，狗除了瘦得見骨，更有多隻死狗在籠子裡。狗因為餓，開始啃食同伴屍體。溫蒂的先生拿著相機，鏡頭開始晃動，他說：「我的手開始發抖，有一隻狗屍一半被拉出籠外，整顆頭被啃到不見了⋯⋯」

當時新北動保馬上介入，他們這幫志工也到場幫忙。本來要找清潔公司先清理環境，可是發現，真的沒辦法清，只好先把狗救出來。

照片裡他們全副武裝，便利雨衣、雨鞋。因為裡面太髒了，志工們還把狗屍一具一具抱出來，抱在胸前，一點都不失尊重。

「有幾具屍體？」

「三十幾隻有。」

「活的有兩百多隻。」

志工要救出籠子裡的狗時，發現根本打不開，或者用鐵線纏死，這要怎麼放碗？

也就是說，狗場其實分成兩部分：一部分是地獄，不讓人進去；一部分是要給人看的。

他們後來有去法院作證。不過，最後██████就是無罪。狗園帳戶的錢也（可能）馬上被轉走，聽說她的孫子有房產⋯⋯

還有一件大橘子事件，發生在溫蒂家附近，一位台大學生掐死一隻浪貓，被關注及刑罰的程度遠遠大於██████狗場三十多隻狗的命案，結果無罪釋放。法律講求的是證據，切記！

大橘子事件

有一隻狗屍一半被拉出籠外，整顆頭被啃到不見了……

「（志工）超過四點不能留在犬舍，有幾位志工因為這樣要被記點。」

「我去問他們在做什麼？」

「說在換水。」

（水很容易因為飼料掉進去而污染。乾淨的飲用水對動物很重要。）

「聽別的志工說，沒安樂後，每週都有一隻狗被咬死？」

「有一陣子。」

「以前這裡有一個史東的立牌，放在這裡。咦，不知道收到哪裡去了？」

　　志工小敏第一次看到史東就覺得牠很親人，看到人就會笑，當時牠已經一個月半沒出去了。第二次見到牠已是兩週後，牠的身體變髒了，到運動場放風時有別的狗要兇牠，牠就默默走開，跑到志工身邊磨蹭，很親人。

　　當時牠被驗出有心絲蟲，志工幫牠做了美美的送養海報，可是無人問津。

　　接著是酷熱夏天，犬舍的狗更加燥動。送史東回籠時，別的狗會衝下來要咬牠，史東會巴著志工的大腿，好像在求帶牠離開。

　　最後一次遛史東，小敏幫牠和另一隻狗沖了冷水澡。那天她也找動管員幫忙史東換籠，可是他們走了一圈，每一籠都是滿的，只好又回去原籠。

　　沒幾天後，她接獲史東被咬的消息。那天收容所也很包容，下班時間還是讓她把史東接去外面的醫院治療。史東幾乎只剩下一丁點抬頭看她的力氣了，全身有七十幾處傷口。後來才得知，所方把史東做完結育手術，戴上頭套又放回原籠。原本就易受攻擊的牠，此刻更是雪上加霜，終於導致悲劇。而且被咬兩天了才通知志工，那兩天也沒有好好照顧。

　　志工努力幫牠找狗輸血，希望可以挺過最後一關，活下去。也安排好不會再送牠回去收容所，要帶牠到有藍天草地的狗園。

　　不過，史東沒有撐過來。

　　（閱讀原文可搜尋「我要史東活過來，其餘一切都免談」。）

　　「我們都想說，牠被發現的時候，不知道已經過了多久。」

　　「害死史東的人，跪下！」（志工貼文）

　　當時志工們和所內的對立已經劍拔弩張，志工不停目睹動物沒有被關注到的慘狀，不停外洩在社交媒體。這是一則應該永遠被看到的貼文。

　　「為什麼所內會發這種矯情的貼文？」

　　「可能是當時的壓力吧……」

害死史東的人，跪下！

我要史東活過來(2014.03.21~2014.07.27)

親愛的史東：
感謝你的慈悲與善良，我們將永遠記住你的笑容，我們也絕不會忘記你往生前痛苦及徬徨，你的離開讓我們傷心不捨，祈願菩薩接引離苦得樂，我們一定會深切檢討改善，更加用心對待每一隻收容的毛孩子，不讓類似事件再發生，你將永遠活在我們的心中，謝謝你，永遠的寶貝史東。

臺北市動物保護處及臺北市動物之家全體同仁誠摯祈禱

（進收容所四個月被咬死亡的史東）

親愛的史東：

感謝你的慈悲與善良，我們將永遠記住你的笑容，我們也絕不會忘記你往生前的痛苦及徬徨。你的離開讓我們傷心不捨，祈願菩薩引離苦得樂，我們一定會深切檢討改善，更加用心對待每一隻收容的毛孩子，不讓類似事件再發生。你將永遠活在我們的心中，謝謝你，永遠的寶貝史東。

（天龍收容所貼文）

「夏天時，參觀的民眾都說很熱，她（史東的志工）就拿了溫度計去掛在犬舍，一量三十八、三十九度，拍照爆料給報紙，後來就有冷氣了……」

「以前，志工拿大寶特瓶裝水結冰，吊在狗舍上面。」
「降溫。」
「什麼事都發生過。」

「這樣不是很好嗎？」
「是啊，可是她就沒來了啊……」（所內的人不爽她，以言語或態度逼走她之類的。）
「還有一次，所內突然停電，那天沒有別的志工，工作人員也沒留意到她在，就很開心地說：停電了！可以不用餵狗了！其他人也附議，不用餵狗了！好耶，好耶！」
「結果一轉頭，發現她在那裡……」

「當時，也是她發起『助養計畫』，那陣子常有狗被咬，就是把十隻比較弱勢的狗送出去，三峽有人會幫忙養。我們每個月都會去一次，現在只剩下四隻了。」

「也有要生小孩的狗沒被發現。」
「有人會說，幹嘛讓牠生？可是已經大了，就不要拿掉。」
「就幫牠佈置產房啊。」

「有志工看到這麼小的貓要禁食，隔天要結紮，跟我講。」

「我和組長講，組長也知道要六個月才可以紮。」

「第二天早上九點到時，已經來不及，他們八點就開始紮了。」

「已經一隻貓死在手術檯上。」

「那時，紮一隻可以多領一筆錢，一天可以紮十幾隻，底薪外還可以多兩萬多。」（現在沒有了。）

「小貓最好紮。」

「也有結紮死在手術檯上的。」

「為什麼？」

「技術不好啊，很多來紮的人都是剛畢業。」

「上個星期，小慧還傳照片給我看，很氣憤地說：又來了，這麼小的貓要結紮！他們都沒學到教訓嗎？」

（我也看到結紮完的貓生病了。有幾隻。結紮後不應該是這樣的吧？）

「上次我也看到，這麼小一隻，好像要死了，民眾想認養，不知道後來怎樣了。」

「有大狗在那邊幾個月了都不做，就挑小貓做。因為小貓比較好做啊。貓比狗好做。」

（牠才剛活，就死了，那個悲傷我無法承受。九歲的小孩說。）

臺北市動物保護自治條例　第十六條
動保處依前條規定沒入之動物，經評估並無前條第一項第一款情事者，
應依下列方式辦理：
一　給予疫苗注射。
二　六月齡以上動物，予以絕育處理後始得開放認養或送交動物收容處
所。
三　未滿六月齡動物，經認養或送交動物收容處所後得核發絕育補助
券，並予追蹤絕育處理情形。

「小慧發現後，有成貓精神差、不吃東西，也是排紮。我們正在找人反應。」

「為什麼不先讓民眾帶回去，養大一點再回來紮？」

「喔，這不行。我以前打過電話，十通有三通說，帶回去貓就跑掉了。然後又生一堆小貓。也抓不到。」

「為什麼獸醫師不懂這個？太小不能紮！」
「變成職業後，很多初心都不見了！」

「像譚姐常跟我說，溫蒂，這隻狗要獨籠！」

「可是，如果讓牠獨籠，就會有一隻要下去犬舍。」

「之前有一隻哈士奇有傳染病，我說，這要隔。其實完全沒地方隔。我帶去急傷醫院住。他們休假時我帶回來所內。實在沒地方隔，沒開的那天放廁所，然後我又帶回去醫院。」

「放廁所？」（可以想像爆滿的實況。）

「對啊。」

因為知道外包獸醫幾乎都是兼職、排班，一個禮拜來個一、兩天，我就問她怎不來當兼職獸醫。

「我以前有代班過。」

「當時就是人事很雜，嘴雜，後來連志工投訴所內要掛獸醫執照這種事我都不管了。」

（曾經獸醫師很難找，有時有沒有畢業都不知道，有志工懷疑才會去盯。）

　　　　　　*

「有一個協會叫FPA，每年會固定領養十幾隻親人的狗出去，出去前就會驗四合一，有些狗被驗出有心絲蟲，就會被安。」

「我知道心絲蟲是救得好的，就自己去買醫心絲蟲的藥。一劑很貴，要一千塊。拜託他們幫忙打，打兩、三次就會好。」

「他們就說，都要被安了你為什麼要救？」

「後來還是有幫我打，那些狗好了就送出去了，但也有撐不過去的，就走了。」

「我當時問他們，心絲蟲救得好為什麼要安？」

今生好好愛動物

「他們就說人畜共通什麼的，其實只是一個個案，心絲蟲在人的皮膚上。」

「有死嗎？」

「當然沒有啦！」

（現在沒有安了，我看到二診有一隻有心絲蟲病的狗，弱弱地蜷在一角，也見到醫助很欣慰地說某隻狗的心絲蟲病好了。目前用的是保守療法，固定吃藥，慢慢好，費用也相對便宜。）

「之前（安樂死前後的黑暗時期）美容室裡一大堆小狗，根本沒人照顧，很多都死了，死亡率超高。」

「一直到現在，只要志工看到幼貓幼犬，都會帶出去照顧。因為在所內，幼犬幼貓死亡率還是很高，有幾位固定志工會照顧小貓和幼犬，等穩定了再送養，他們是默默無名的動物之家後援。」

「腸炎治得好？」

「我們當時帶出去被說有腸炎的狗，全部都好了。也有送養了。現在還會看到牠們的照片。」

「真正腸炎的，我們帶出去，也都好了。沒有一隻死掉。全部都送養了。」

「我那時帶過腸炎的狗回去照顧，就是拉肚子的，當時也是會被安。」

「你看這隻Coffee，我們帶出去的，牠小時候超慘，現在認養四年多了，每年只見一次面都記得我們。」

「當時……現在搬過了，我們補習班有一個地下室，可以『藏』一些狗。」

「我自己的狗走了，就開始帶癱瘓貓。」

「癱瘓貓每天要擠尿至少兩次，所內可能只擠一次，有時中午我們都還要去再弄一次。」

今生好好愛動物

「那時，有檢驗試劑出問題。有些狗驗出來陽性，或者是很弱的陽性，也被安。」
「有一次，七隻小狗被驗出其中幾隻有高傳染的病毒性腸炎，全部被安。」（二〇一七年七隻小狗事件）
「後來發現那些試劑根本有問題。」

　　後來我回去，想不明白，第二次又追問了溫蒂，才赫然發現那批有問題的試劑殘害匪淺。七隻小狗只是冰山一角！

　　當時面臨變相的「人為安樂死」，志工自己也拚命帶狗出去，驗出來有腸炎的狗被帶出去後，沒有一隻有問題，他們馬上起了疑心。不過所方沒有管志工。後來是有一位北投的動保志工范先生，平常也在照顧流浪動物。當時幼犬很多，他撿到後先送去派出所，當時那七隻小狗，其實已經在某一間車廠養上一陣子，後來才被送去天收＊，因為有人養過，所以知道狗的狀況。送去天收後，不到一天就全部被安也很狐疑，所幸他發聲了，提告動保處處長，也保全小狗屍體送去台大檢驗，發現沒有感染。天收才正視這個問題，和廠商反映。

　　一直到范先生踢爆這件烏龍試劑問題，不知道有多少，至少一百隻以上的可愛幼犬被誤殺。

　　「我們辛辛苦苦把牠們養到白白胖胖，就是要給民眾認養，天收把牠們當垃圾！」

＊ 天收，天龍收容所（台北市收容所）之簡稱。

「有一次，我看到籠子裡躺了一隻狗，剛被安。結果主人來了。牠有晶片但沒掃到。」（到底是忘了掃、沒仔細掃、還是晶片機太舊掃不到……）

　　「為什麼被安？」

　　「好像是站不太起來吧。」

但是，不是每一位民眾都是范先生……

「那時候，我每天都夢到不是貓、就是狗，被關在小小的籠子，不是被水淹、就是被火燒。」

「有一天，有位醫助推一窩九隻小狗，問我先生（也是志工），可不可愛？」

「結果他（因為沒有要帶出去），就說，不可愛。」

「那天晚上，他做了一個夢。」

今生好好愛動物

「在池塘，有十三個小孩在那裡求救，他們的臉長得都一樣。」
「沉下去又浮起來。沉下去又浮起來。」

　　「我每天都會看收容公告，發現那天後來安了那九隻加上另外四隻，剛好是十三隻。」

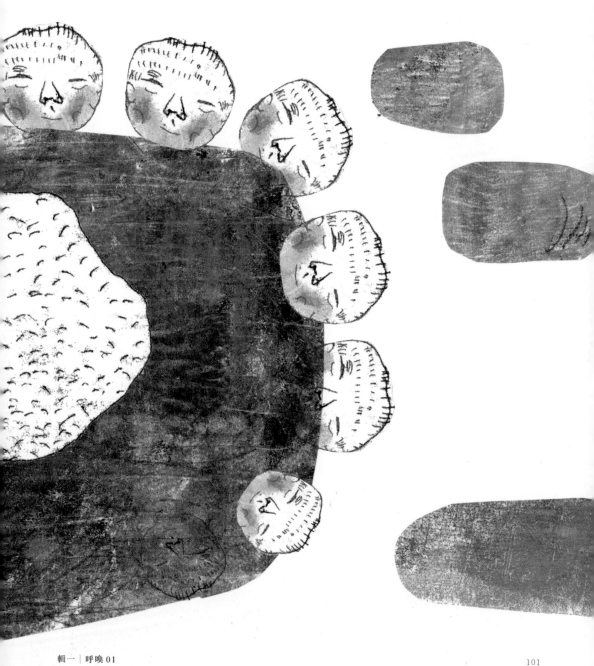

「現在他們也學到教訓了，像最近有飼主驗的和我們驗的不一致，就會拿去外面驗，或者用別的試劑再驗一次。」

「你為什麼每天看收容異動公告？（收容、被領養、死亡）」
「我主要是看狗的，貓很多被領養，狗很少被領養，有的話我們都會很高興。」
「還有就是早期很多人不知道狗不見可以去收容所找，就是幫忙分享啊，以前還拿過兩萬塊的賞金，都捐出去了。」

「來當志工的獸醫，還有別人嗎？」
「有，一位學弟。可他不碰病房，只遛狗。」
「獸醫當志工會被盯啊，人家以為你很大牌。」
「我會存活到現在，就是你看，我講話都溫溫的。我也只是想提醒一下而已。」
「你看，為什麼貓狗都要找我們？穿圍兜的（志工），他們就是比較沒耐性。」
「為什麼阿嚕不讓他們清眼睛？」

後來志工變少，狗變多。又出現一位比較有心的督導，志工就弄了大白板遛狗表（在板上直接簽遛狗日期，來的志工看哪籠最久沒遛就從那籠開始遛）。巡籠根本看不到東西，要志工一籠一籠、一隻一隻拉出來才看得到！

以前沒有二診、沒有醫助，只有所內獸醫，就像現在其他縣市獸醫要做結紮、行政，全部；後來才有外包的二診、清潔、櫃檯、訓練師。

這裡找不到醫生！找不到醫助！
人力不足啊。薪水低。對他們來說，「這些狗又臭！又髒！又兇！還容易被咬！髒啊！兇啊！」

已經成歷史的舊址照。
原設計左右犬舍都各有一機關小開，拉開後，狗可以跑到照片中的空間，半戶外的通風區。
但沒多久右邊靠馬路的就先停用，說狗會影響到路人、會吠之類的、或者沒有好好維護失修之類的原因。
左邊偶爾會被熟的志工拉開，目前已停用。

二〇一八年，███████接手動保處處長。

（二〇二二年四月中，██處長轉調他處，四月動物之家中繼站志工現勘時，她還特別出席和志工告別。那天她穿著隨和，說：「最了解這些動物的人就是志工……希望志工不要因為所內的動物而睡不著。」這句話如果不是有親身經歷的人不會知道，她一定也有這種經驗。）

她上任後安的第一隻狗叫中秋。她很慎重，還特地跑來看，聽說回去後還哭了。

中秋是隻老狗，癱了、不吃、開始長褥瘡。

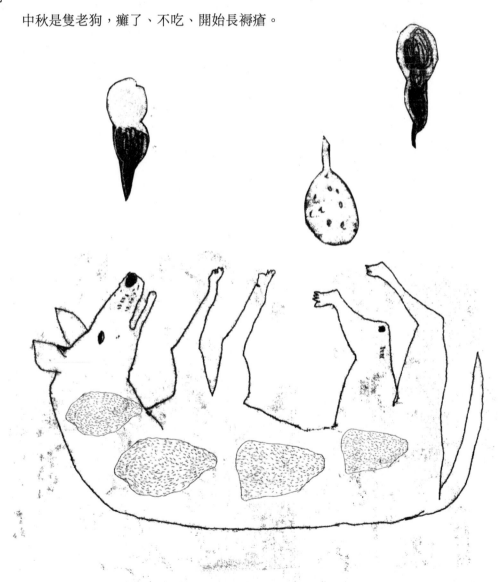

今生好好愛動物

　■處長接手後，會聽取志工的意見、協調工作人員和志工雙方，收容所一點一滴地進步中。

　（上位者會影響下面的人的態度和做法，所以真的很重要，不然只會增加衝突。比如之前那陣子，若上位者願意尊重底下人的意見並執行，才有進步的可能。）

　像是安樂程序的改進：
　「二〇一九年，有一隻大狗因為咬傷清潔而被安。」
　「咬到見骨。我有看到照片。」
　「可是我們有兩位志工一週前還幫牠洗過澡，互動不錯。」
　「我們猜清潔是不是有做什麼動作惹到牠？所以清潔也要受訓，不然很危險。」
　「醫助不用受訓耶，來實習兩天就好了。」
　「對呀，志工要受訓那麼多，還限制那麼多。」

　「那次之後，我們極力爭取，要安動物前也知會志工。」
　「安樂的程序是，動管員或獸醫提出，接著要上簽到組長、處長。後來變成有一欄是志工組長，但只是備註，不管他同不同意。」
　「如果簽不同意呢？」
　「處長會問，我會告訴他原因。」
　「所以處長相不相信、認不認同志工很重要。她可以不管你。」

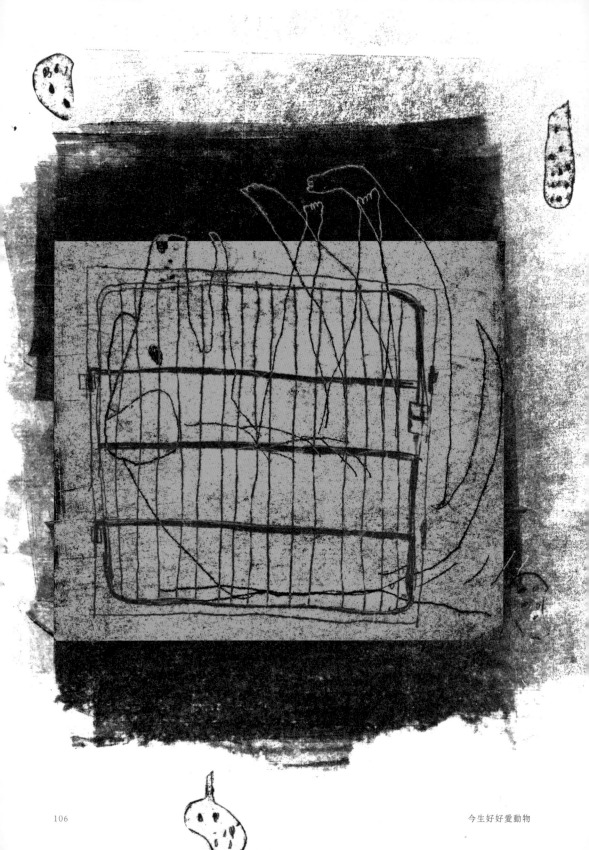

今生好好愛動物

「這兩年來我簽同意的只有一隻。」

「一隻被棄養的老狗，差不多有十歲，很兇。」

「沒有人有辦法帶牠出去。兩到三年就一直在那裡。」

「後來倒下去了。全身都是嚴重褥瘡。又很兇，沒有人有辦法碰牠。」

「癱瘓不能住籠子，每一支鐵條對動物都是一個傷害。」

「譚姐問我，為什麼要安？我把影片給她看。」

「那很痛的。」

「現在有傳染病的都不太會被安了，只要還能吃東西，就算癱了，我們還是照顧。」

    *

在收容所裡最難的是，要如何替這些沒有主人的貓狗看病？替貓狗看病本來就是難事，何況是沒有接觸過人類的浪浪，獸醫師不一定有相關經驗。大部分的貓狗因為恐懼，會出現攻擊行為。

「有一隻狗叫走走，讓同一組的醫師和醫助清耳朵。可能是固定時弄傷了狗，牠出來後就站不起來，癱瘓了。後來，不到幾個月就走了。」

「還有一隻叫橘子。因為住上層籠子，醫助沒鎖好，摔下來就癱瘓了。」

「我帶一隻狗去二診看病，那位醫師突然把狗壓在地上，大聲咆哮……」

「還有一位志工把狗拉去看，他一直用不好嘴套，就抓狂了……」

「你要手還是要人？搞得志工嚇死，狗也快要咬他了。」

「一位志工說，叫他們去上親訓課！」

「怎麼可能？！」

後來，在志工的爭取下，
所方安裝了監視器。

「有些所內人員，久了也會出現職業倦怠，動不動就說『幹嘛救牠』這種話。」
「像那天，某醫助說，某志工沒事在裡面餵狗，只是滿足自己的欲望。」
「還說某志工拿肉來，害狗打架。」
「那天，有志工看到醫助對狗不是很友善，可能是踢狗之類的。兩個人就吵了起來。」

「我說，我們不是要合作嗎？！」

　　　　　　　　　　　　　　　　　　　　今生好好愛動物

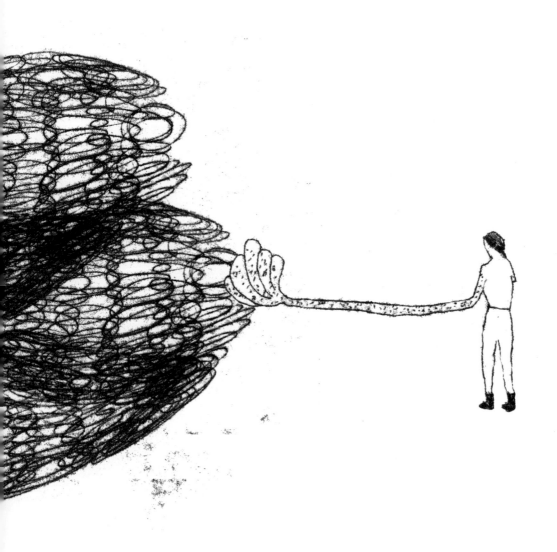

遛狗絕大部分是志工拚命在做。確實,那真的是很費力的體力活。

醫助也被規定每個月要遛幾隻狗(數量很少),有醫助還說:「你們不要叫我們做勞力的事情!」

(半年後,我加入了收容所志工群,每週去一次,也感受到動管員、櫃檯、醫助的臭臉和緊繃。相較之下,志工總是充滿活力,很愉悅。特別是狗志工,他們對狗講話的模樣,如果我是狗也會好喜歡!)

說說門口這四隻的命運……

被拍成沙龍照做成海報，貼在收容所門口的這四隻狗，未料沒有一隻被領養。

「我們都不好說，門口這四隻狗都死了。」

　　　　　　　　　　　　　　　　　　　　　　　　今生好好愛動物

被拍成宣導領養美照的四隻狗一樣無人問津，從被抓進收容所後就被關至死。

賓果 （2019 入所，2022 往生。3 年。）
仁仁 （2018 入所，2022 往生。4 年。）
伊比利 （2018 入所，2021 往生。3 年。）
佐佐木 （2019 入所，2022 往生。3 年。）

第一隻是賓果。

這是志工幫牠寫過的貼文：

明星代言犬，很多人都喜歡牠，但每次都與回家的大門擦身而過。

賓果是很穩定的狗狗，鮮少與同伴嬉鬧玩耍，總是喜歡靜靜地跟在你身邊，像是個沉思的哲學家！！！

人稱「淡定哥」，個性溫和穩重，不慍不火。不會因為一點小事就呼天喊地，吃飯、散步……做什麼都維持一貫的從容不迫。

牠有很多美美的照片，被放在月曆封面過、上過新聞及領養宣傳的活動。貼文也不止一次，有拍影片、專業拍攝、志工不輸專業的拍攝，被轉發八次、二十二次、四十一次、六十一次。被轉發一百次都沒有被領養。

「賓果第一次胃扭轉是送去Ａ醫院（常配合的），Ａ醫生把牠的胃縫合固定，以為不會再扭轉。」

「第二次，那天是星期天下午，四、五點時志工發現賓果不舒服，和外包醫療的老闆講，老闆說聯絡了救援隊，準備送去外面的急傷醫院。那天Ａ院有開，時間也不算太晚，要急救是可以的。」

「但是到了七點多我知道時，賓果還在收容所的診間，全部人都已經離開。我打給外包老闆、所內獸醫、組長，沒有人接電話。我直接打給所長，他接了，說費用他出。」

「八點多我從家裡到所內（已經是最快了，從家裡到所內要近四十分鐘），全部都是暗的，他們留一盞燈給賓果，我抱賓果上車，直接送醫。」

「那時候，已經那個時間了，只能送二十四小時的。」

「賓果第二次胃扭轉（後來Ｂ醫生說因為Ａ醫生縫的位置太低，讓它又發生扭轉），九點多緊急開刀。胃扭轉是大手術，但不做又不行。」

「Ｂ醫生說賓果的胃已經壞掉，要整個拿掉。其他的內臟狀況也都不好。」

「賓果手術後非常虛，醫院說要輸血，我們在找血時，就傳來牠過世的消息。」

「如果救援隊五、六點就送去，Ａ醫院也可以做。那筆帳單很貴，他們沒給我，後來是用急傷的名目來付。」

「如果沒有拖延那三、四個小時，賓果應該不會死。」

「那天賓果走的時候，我還從醫院把他的屍體先帶去原址看了這些相片才送到中繼。」

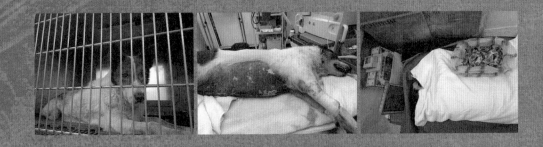

第二隻是笑得最美的仁仁，也是全白的。原本以為牠被領養了，因為牠沒出現在溫蒂的「快樂天堂」資料夾裡。

　　「仁仁為什麼沒有在你的資料夾裡？」

　　「我沒帶牠去看病，也沒牽過牠。」

　　「牠個性容易緊張。」

　　「我是在牠有天突然暴斃時，去冰庫找出牠的屍體，調查牠為何死亡。」

　　（溫蒂自己幫仁仁「驗屍」，因為無法置信年輕的仁仁突然死亡。但只能確定牠有沒有外傷。我光聽她講這件事心就揪起來。）

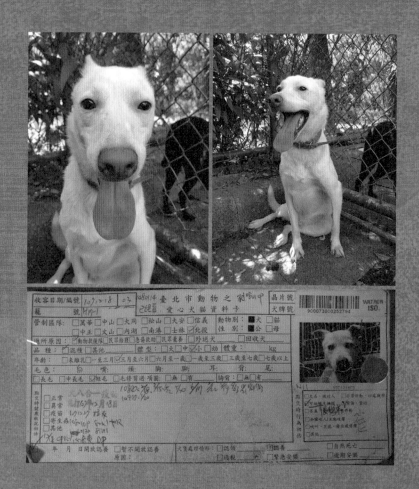

今生好好愛動物

「前一天都好好的，第二天說一早清潔來時牠已經死亡。」

「那陣子有幾隻狗都忽然暴斃，也沒外傷，我怕是有傳染病，但所方不以為意。」

所方做的只有收屍進冰庫。

仁仁入所時很年輕，也許才一歲，二〇二〇年八月志工幫仁仁找家的貼文：

#送養 #台北市 #小型年輕犬

小仁仁　公　三歲

雖然陽光帥氣，但從小長期關籠，小仁仁對外界的一切都很敏感，目前正努力探索世界，更希望能走進你的世界。

（以上貼文及以上兩張照片來源：臺北市動物之家狗情報）

仁仁算是在收容所裡長大的，沒來得及看到外面的世界。

收容所裡還有很多像仁仁這樣年輕的狗。如果牠被領養，肯定不會才五歲就死在收容所，還死因不明。

我八月盛夏去的時候，伊比利、佐佐木根本不需要牽繩，牠們走得很慢，超慢。

伊比利先倒下去。當時沒有志工，櫃檯人員因為和伊比利算熟，先把牠帶去外面就醫。

診斷說是胃扭轉，要緊急開刀。當時問遍熟的醫院都沒有醫生有空，最後送到貴族醫院，術後住ICU病房，後來志工們決定讓牠回到牠熟悉的天收。

「花了十幾萬。」

「志工協會要籌錢。所方有說要弄錢來，不要讓協會出那麼多。可程序不符，又有了一堆事。」

「我說，算了。不用靠所方，我們志工籌一籌還是有錢的。」

「動保處有一個民眾捐款給急難動物的公開捐款，有些是國小班級、有些是公司行號捐的。每個月都有差不多五萬。那筆錢伊比利不能用嗎？」

「去年志工大會有向所方提出，他們說那是給在外面、路上的急傷動物用的，收容所的犬隻不適用。」（二○二三年有志工統計，那筆錢一年下來有一百多萬，但用在哪裡我們不知道。）

「後來，處長訂了三條方案，以備未來所內動物發生特殊病情、需要由外部醫療時，可用急傷醫療，醫療費可由動保處以委託方式支付。」

今生好好愛動物

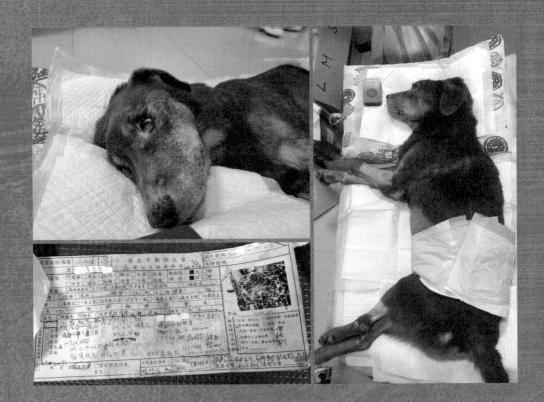

「老狗的醫療費很驚人。」

「那家貴族獸醫沒打折？」

「真的是一塊錢都沒打折。」

「如果是你的店你會打折嗎？」

「我當然會。」

（我看到那筆老狗帳單。那家動物醫院果真一毛都沒少拿。我可以了解醫院有必要的成本，不能做免費的，但就是覺得有點不通情理。）

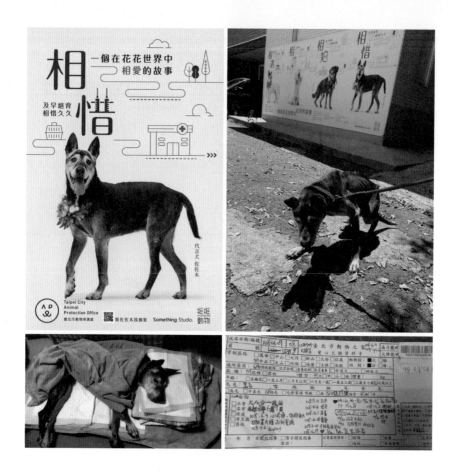

「後來牠和伊比利都辦了領養，葬在隔壁（有一位志工出錢給牠們買了樹葬，在陽明山莊寵物天堂）。」

「什麼？死後才領養？」

「對，讓牠們有一個家，不是收容所。」

「小紫老皮認養人買了八十八坪權狀的房子燒給伊比利，還有其他一堆東西。」

今生好好愛動物

「佐佐木走了你知道嗎？」

「走的時候很慘。」

二〇二一年底，被拍成海報的「公關犬」佐佐木倒了。牠在所內老得好快，本來已經不良於行一陣子，後來就站不起來了。

「牠原本住在美容室的地上，開館時會被拉出來放大廳（牠睡覺的地方，也是洗澡的地方）。」

「志工四點離開時會整理好，再把牠拉回去。」

「牠站不起來後很快出現褥瘡，志工把牠安置在志工室。那裡有志工進出，看到就會幫牠翻身。不過有天晚上，牠自行爬出行軍床，結果就躺在地板上。」

「這樣躺了一晚，到隔天志工發現牠時，褥瘡變得很嚴重。面積很大、見肉。」

最後幾天牠只能躺在那裡，發出微弱的悲鳴。令人很不忍。志工提出要帶牠去外面安樂，還去醫院拿嗎啡給牠。後來幾天還在討論時，佐佐木就走了。」

今生好好愛動物

我認識的第一隻收容所的狗叫阿嚕，全黑的，長年戴著頭套，走路搖搖晃晃，有點水桶腰。溫蒂一來就會把牠從太空艙（那間本名叫幼犬室，因為外觀完全看不到裡面，所以志工叫它太空艙。幼犬室裡放的已經不是幼犬，都是爆籠出來的中老年犬）拉出來處理眼睛。乾眼症。一輩子好不了，每天都要點藥水三次，才會比較舒服，否則眼屎、眼紅很可怕。牠會很癢，用爪子去抓眼睛，所以被戴上頭套，一直要戴頭套不是超不舒服嗎？溫蒂有想幫牠拿掉過，不過萬一阿嚕又去抓傷眼睛，所內的矛頭就會指向志工。

　　所內人說阿嚕兇，也或許是他們不想花時間，所以是溫蒂去幫牠點藥水。先沖生理食鹽水、眼藥水，放置一段時間。她先去做別的事，再回來上藥膏。藥沒了她要自己去後面跟獸醫拿。她會拉阿嚕去小走一圈，阿嚕拉屎，她要撿。離開前她會再帶阿嚕出去一次。這讓我覺得阿嚕是所內很幸福的狗。

　　不過溫蒂一週也只來兩次。這已經算很多的了。後來我幾次去，溫蒂沒去，其他志工會幫忙點。溫蒂家裡有事沒來時，我聽見兩個志工說，等下我們來試試看。阿嚕一點都不兇啊！動物會因為身體不舒服、疼痛而兇人類，牠不是不懂事，牠慢慢知道人類在幫牠，就不會兇了。我第一次見到牠時，靠得很近，牠沒有吠我，也沒有兇我，還把眼屎擦在我褲管上。

　　「阿嚕是十歲時被主人棄養的。那時候才罰兩千四。後來年老、有病的罰金提高到一萬。」

　　「那根本不算什麼。寵物旅館一天就多少錢……」

　　「而且錢也不是進收容所口袋，是繳到國庫。」

　　阿嚕在所內又活了好幾年，我偷摸了牠的毛，還不錯，比我家那隻還好。

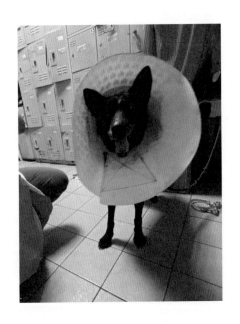

柴犬豆豆也是被棄養的狗。車禍進來的。癱瘓。溫蒂貼文時主人有出來，說這不是他家的狗嗎？但後來主人卻沒有馬上將牠領回，說家裡有事在忙。過了一段日子，主人去收容所看了牠，看幾眼，沒有把牠帶回去。豆豆沒有晶片，沒法證明那是牠主人。我親眼看見豆豆時，真的被牠的美驚豔，又是品種狗，而且很年輕。

不過，牠就是終生癱瘓了。地上要鋪東西，不然後腳拖在地上會磨傷。大小便也得在圍起來的區域，用一堆尿布墊。熟的志工叫牠，牠會精神抖擻地坐起來。現在，牠已經超過一年待在這個不見天日的地方，聞不到外面風的味道、陽光的味道。這社會也沒有幾個神仙下凡的人會來帶走豆豆。想到牠未來幾年都要待在這個不見天日的空間裡，每次看到牠可愛的臉蛋、濃密的毛，連我這個根本不認

識牠的人都為人類感到抱歉，覺得人類很過份，主人竟然可以這樣就走了？每天晚上睡得著覺嗎？我後來幾次去，都會去看豆豆，因為牠的脊椎被撞斷，大小便也失禁了。地上兩大張尿布墊都是拉稀的屎，床上也是，好像安養院裡把自己搞得全身屎的美女。

動物所感受的無聊
(ANIMAL BOREDOM)

　　阿嚕長得醜，乾眼症被棄養；豆豆長得美，癱瘓被棄養。所以被棄養與美醜無關，而是與帶給人類麻煩的程度有關。和人類不親也會被棄，性格不好也會被棄。我都親眼見到這些狗了，牠們長得好美。一隻是咬自己的主人而被棄養的柴犬，四肢健全。遛牠的志工說，牠性格不好。牠不是品種狗嗎？柴犬耶。志工說，品種狗才不好。還有一隻類米格魯、一隻類比特，不是咬自己的主人，就是很兇；不是被退，就是被棄。快速處理這種問題狗的方式就是丟來收容所。

　　可是你看牠們現在，一位位志工經年累月地接觸牠們。姚大哥幫類米格魯、類比特洗澡，帶出去散步；美玲姐帶那隻咬過主人的柴犬。他們沒有被咬。人類不會棄養自己的小孩，不管小孩犯了多大的錯；可狗一犯錯，甚至是沒有錯，那些人就放棄牠了。

「最討厭那些棄養的人！」
「上次在二診倒下去的那隻，是被人丟在後面山上的。」
「牠那麼老了，一看就是有人養的。」
「放到犬舍，一定很快就倒下去。」

「棄養」在台灣有一個很做作的詞，叫做「不擬續養」。

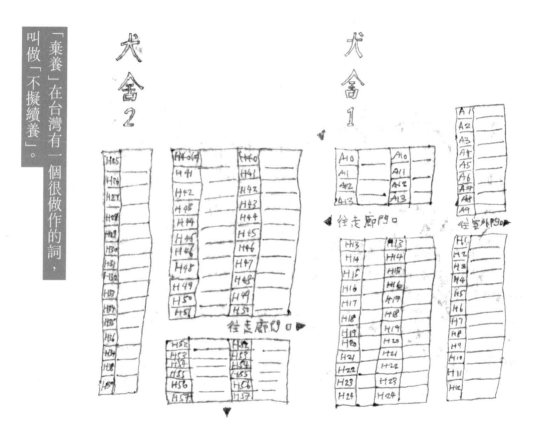

不知是哪位官員發明了這種官腔詞。「不擬續養」的程序是主人向動物之家提出申請，動物之家接著在官方粉絲專頁上貼文公告，三十天後（後來改成四十五天）若沒人接手，該動物就會進入收容所──這就是「合法棄養」。

台灣的法律很令人嘆為觀止吧。像那些生了麻煩病的狗，老的、癱瘓的，或者主人說什麼要搬家，新家不能養寵物等等瞎扯的一大堆理由，總之就是我不要你了，你又還沒死，把你丟到山裡我會有罪惡感，就丟去收容所給政府接手，付個幾千塊「罰金」不痛不癢，把收容所當成免費的老人院、傷殘病院、精神病院。

不擬續養 ＝ 棄養
合法
偽善用詞

　　有了這樣「不擬續養」的去處，講好聽點是「主人才不會亂丟寵物」，結果變成「鼓勵」民眾有棄養的選項。貓狗一旦行為異常，主人不想花錢花力解決，直接丟去收容所。畢竟要叫那些人把狗丟在路邊山上，他們會愧疚一輩子，丟到收容所的話，至少安全、有得吃，牠回家還可以好好睡覺。

　　可是收容所沒有配套的空間、人力、財力來安置這些麻煩的貓狗。像阿嚕一天要點眼藥水三次，每次兩種，要相隔幾分鐘。癱瘓的一天要擠尿至少兩次，要換尿布墊。老狗吃的飼料要泡軟。走不動的狗、失智的狗不是住在病房，因為病房已經爆滿，而是分散在不同的隔間，像是幼犬室、美容室、點收區……所有空間原本的功能都被一籠一籠的貓狗侵佔。原本靠牆的兩排籠子都滿了，地上放了柵欄，沒有床位了，就打地鋪。所內人員幾乎沒有時間去碰這些狗。志工可能看不下去，會去關心，為牠們做點什麼。可是志工不可能每天去，一個禮拜去一次已經很了不起。久了大家只能無奈把要求降低，面對所內動物，本來應該是每天要關照的事，只要求「一個禮拜一次」就謝天謝地了。

被「棄養」的狗特別多。收容所真是一個讓人看盡人性醜陋的地方。

Encyclopedia of Animal Rights and Animal Welfare

環境與生態系列

動物權與 動物福利 小百科

編者／馬克・貝考夫 (Marc Bekoff)

中文版策劃／台灣動物社會研究會
譯者／錢永祥 彭淮棟 陳真等
校訂／葉力森 蔣家語 釋悟泓

向臺北市圖書館所借的絕版書。
本書中所有綠底白字（如右頁）的內容皆是引用自此書。

今生好好愛動物

動物所感受的無聊
（ANIMAL BOREDOM）

「無聊」一詞，是用來描述動物在高度單調的環境中度過一生時的感受。動物或者長時間地睡眠，或者以緊繃或萎靡的姿勢持續坐上好幾個小時。牠們也可能一再重複同樣的行為動作（見〈動物之刻板症〉），有時候這些動作會傷害牠們自己的身體，或者傷害牠們的伴侶，例如嚼牠們的尾巴、耳朵，或生殖器。討論到此類行為時，動物福利（animal welfare）🐱 的相關研究經常提到無聊，認為當動物缺乏自然的「可做之事」（things to do）的時候，就會不由自主地用異常的行為模式來填滿時間。

在野外，動物面對的是不可預知的、充滿挑戰的環境。捕食者的追獵、食物來源的短缺、天候、洪水，以及疾病，都會危及動物的健康與生存，使牠們處於被威脅的狀態下。相反地，被拘禁的動物多半生活在一種幾可預期的、高度結構化的環境中，很少、或者完全不用面對挑戰。動物被剝奪了一切有意義的活動之後，便可能經常感到無聊或者挫折（distressed）🐱。

研究無聊這個概念時，最大的一個問題在於它消極（passive）的特色。如憤怒或恐懼（fear）🐱 等激烈的情感，大多有明確的表達方式而不容易被誤解。而當動物木然地坐著或者凝視著某個空間時，卻有可能是感到滿足而非無聊。無聊一詞似乎意味著動物在心理上評估了自己消極的處境，因而積極地嚮往一種更有意義的生活。然而要測知動物是否會嚮往牠們所從不知道的生活狀態，是非常困難的一件事。對於異常行為的正式研究（相對於非正式的討論），因此傾向於認定動物所感受到的是挫折或痛苦，而非無聊。

雖然心理上能否感知無聊是一個重要的問題，卻不是用以理解無聊這個概念的唯一方式。無聊，儘管在一般認定下並不如憤怒或恐懼那樣容易被拿來研究，但還是有可能從動物的表現中被偵測出來。問題在於哪些症候可被視為無聊的表徵。人類感覺到輕度的無聊時，有可能出現暫時性的昏昏欲睡、輕度的惱怒，或者想離開某個特殊情境。但是狀況嚴重的時候，無聊會使人瀕臨沮喪，對所做的一切事情全都感到毫無意義。他們會逃避與人接觸……

——《動物權與動物福利小百科》，P16

「本來在家裡的狗進來都很害怕。」

「阿寶奮力爬到犬舍隔版的橫條上，高高的，不知道站了多久。」

溫蒂的貼文：

她很年輕，她並不嚮往自由，她只想要回家……

主人把她留在可怕的收容所，不要她了

跌下來割傷腳踝，現在在病房

驚慌失措的她一度想咬人

但是一叫她名字，説要摸摸她，頭就會靠過來

她真的想回家，想要主人再抱抱她……

（阿寶在所內四年，沒有再被人領養，後來走了。）

「為什麼跌下來會割傷？」

「水溝蓋啊！每一間都有。清潔時要打開來，把屎掃進去，久了邊邊會彎掉，割傷過很多狗！」

「你知道，狗搶吃的時候都是亂踩的……」

溫蒂的貼文：

消瘦、眼神無助的老黑胸口有個大腫瘤

戴著主人給牠的藍項圈被捕捉進收容所

帶牠出來散步，眼神總是望著遠方

主人你在哪？你會來找老黑嗎？

（主人沒有出現，老黑很幸運被領養並接受醫療。）

溫蒂的貼文：

總是驚恐眼神的小黑 ~Gina

看 Gina 這個驚恐的眼神在收容所兩年了

因為被咬傷，現在她在手術室休養

從二〇一四年三月進收容所

雖然已經從所方聘請的訓練師手中結業

但是兩年多來 Gina 驚恐的眼神從沒變過

真不知何時這總是令人不捨的表情才能改變？

　　Gina是目前所內最久的狗之一。七年。不知道把牠丟進來的主人地上有知嗎？因為習慣待在家，來到這裡一直很害怕。後來我問了狗訓練師，她說，四年前她來時就看到Gina，帶不出去，後來有一位志工可以帶牠，兩年後那位志工沒來了，Gina再度失落（截止二〇二三年六月，Gina還在所內，第八年了，又是被棄養後不見天日的案例）。

　　某天下午，我親眼見到有對還行動自如的中老夫妻棄養養十年的貓。說會叫。還隔著籠子戳她，之後還繼續參觀，不斷說那些貓好可愛。

　　他們是有問題的吧，有志工說。

　　現在躺在大廳的白狗Momo，也是被棄養的。主人老了，狗也老了，進來時十三歲，現在十五歲了。

二〇二二年八月底，溫蒂貼出一隻在收容所八年的狗的死亡：

阿輝走了。一星期前的今天，我帶牠從病房出來散步，知道牠日子不多，所以很珍惜跟牠一起的時間，但因為還有好多狗要照顧，所以只有短短十分鐘。第二天牠就倒下，不吃不喝，好多志工去陪牠。兩天後牠就走了，我懂志工們的遺憾……

當了十多年的志工，看盡收容所的狗貓離開，常有人問我為何可以忍受這些，我只回：只能盡力，還有好多狗貓要照顧。

其實我是故意不去想，在整理資料時將這份悲傷跟著相片封存。但面對阿輝的死，除了哭泣，更多了被壓得喘不過氣的感覺……

我第一次牽阿輝散步是二〇一五年牠剛入所時，之後就是聽到其他志工說，牠兇、咬自己的尾巴、不能碰等等，偶爾經過牠的籠舍看牠一眼，再遇到牠是今年五月搬到中繼園區時，八年後看牠在運輸籠內骨瘦如柴極度焦慮，要搬籠時兇狠要咬。我雖然知道自己還是做不了什麼，但還是跟夥伴們提了一句：阿輝應該要獨籠，牠壓力太大，太焦慮了。兩個月後牠真的進病房獨籠了，拖著壞了的身體，將幾年來想好好鑽進人類懷抱裡撒嬌的情緒全部釋放……但已經來不及了……

不能說收容所虐待狗，但收容空間真的非常有限，人和狗貓的壓力都非常大。也不要告訴我零安樂是錯的，因為牠們恐懼的眼神告訴我們牠們不想死，所以零撲殺是正確的。只是希望這個城市的人們能尊重生命平等，能重視牠們的權益，這樣的預算和資源真的不夠。

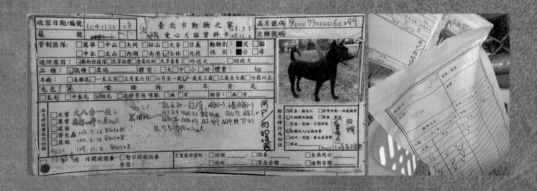

今生好好愛動物

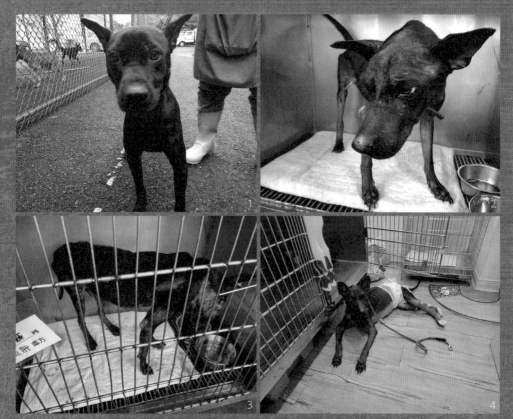

1 2015 年溫蒂牽阿輝在所內散步。
2 3 2022 年在所內病房。
4 溫蒂帶阿輝去外面就醫住院。

溫蒂因為很資深，又是獸醫，所以去處理的狗和一般志工不太一樣。她拉出被主人棄養有憂鬱症的狗米漿。米漿長得很美，米白色的，從收容所被領出去又退回來，好像是會咬主人。算是棄養名單。

　　「現在他們有給牠吃抗焦慮的藥。」

　　「真的嗎？狗也有憂鬱症？」

　　溫蒂默默點頭。遛米漿的時候，牠和一般狗沒有兩樣，像米漿這樣的狗會被關在獨籠。獨籠很小，大概就是牠身體大小再多一些。牠因為得了心理疾病被主人棄養。一般民眾也不會看到牠，被領養的機率我不敢想。牠不會要在這個不見天日的房間裡老去吧？一般志工也不會去碰牠，牠可能連「一個禮拜一次的」放風也沒有，也不會被帶到運動公園放開牽繩，就是溫蒂拉牠到外面晃一下而已。

　　有次我看醫助餵食餵藥，她順道和我介紹，指了米漿說：「這隻……」

　　我趕緊說：「這隻我知道。」

　　「是神經病。」醫助接著說。

　　溫蒂帶我到一處原本是貓的暫留室（每天被捕進來的犬貓原本是分開來放的，但因為爆籠，原本放貓的空間被拿來放狗籠，進來的貓就和狗混在一起，經過時會聽到小貓喵喵的呼救聲。貓一進來就和狗放在一起，想必耳朵、神經都要爆了），現在因為爆籠而放了下上兩排的籠子。這些就是「獨籠狗」，可能比較兇，也可能是生病。幾次下來，我觀察到「病狗」並非只在「病房」裡，而是被東塞西塞。因為移籠很麻煩，所以「病房」裡有沒病的狗、「獨籠區」裡有生病的狗、「惡犬區」裡有很親人的狗……沒有辦法一目了然。

　　　　　　　　　　　　　　　　　　　　　　　今生好好愛動物

對動物的同理心
（EMPATHY FOR ANIMALS）

　　「同理心」（Empathy）一詞是用來描述大多數的人在見證他人的情感變化（例如痛受苦（suffering）🐾或挫折（distress）🐾）時，本身的感情也會受到影響的傾向。整體而言，我們越是具有同理的能力，就越有可能對苦難的人表現出同情、關懷並伸出援手。

　　研究同理心的心理學家多認為，會因為人類的苦難而在情感上受到強烈影響的人，也會因為非人類動物所遭受的苦難而在情感上受到強烈影響。的確，近期的一項問卷結果顯示，對人類的同理心與對動物的同理心，兩者之間有某種關聯性存在，也就是說，那些對人類顯現較多情感關注的人，也比較有可能對動物顯現較多的關注，然而這兩者之間並沒有如預期那般緊密的關聯性。還是有很多的人與人類的情感共感程度極高，但與動物的卻很低；也有些人很關心動物，但是對於人的關注則只是一般程度而已。因此，雖然兩者之間有所關聯，與動物產生情感共感或同情動物此一過程，並不完全等同於與人類產生情感共感或同情人類。

　　從發展的角度來看，長期以來一般相信被教導要愛動物、關心動物的小孩，成長之後也會愛人、關懷人。這樣的觀念似乎是說，如果在童年時就會關心較小、較弱、比自己還需依賴的事物，一種比別人更強的情感共感與同情心也將灌注到其成年時期，並且能推及到社會上較弱小的及更依賴的人身上。然而，少數的暴君或集體屠殺者（例如希特勒）也有其鍾愛寵物的這個事實，足以減弱我們認定愛動物的人必然會與人產生情感共感這樣的信念。

　　最近的一項研究發現，童年時期飼養寵物，的確有助於成年以後與人產生較高的情感共感。當一群大學生被問及，童年時他們或生長的家庭是否有飼養寵物時，和越多寵物一起成長、越喜愛這些寵物的人，在測量與人類情感共感程度的問卷上，得分也越高。但更驚人的發現是，和寵物一起成長的人，更關心與同情的是非人類動物的福利問題⋯⋯

——《動物權與動物福利小百科》，P156

這幾區是民眾禁區。那麼,這些狗要怎樣才有被看到的機會呢?

「獨籠區」最邊邊上層的一隻狗,溫蒂拿維他命、雞肉給牠吃。

然後從中間區拉出一隻戴頭套的狗,叫做黃黃。

黃黃是溫蒂遛牠時發現牠直接尿出結石。尿結石就是會尿不出來,尿尿會很痛。可能因為很不舒服,牠會去咬自己的尾巴,因此截過兩次。所方的外包獸醫認為牠有焦慮症,給牠戴頭套讓牠咬不到自己的尾巴。他們看到的只是「牠咬自己的尾巴」,沒有看到牠的尿結石問題。

遛黃黃的時候,看牠晃著一個老舊的頭套就很想幫牠拿掉。走到路邊人行道上時,黃黃突然往馬路衝,「牠以前不會這樣。」溫蒂說。接著黃黃好像想尿尿,溫蒂順勢幫牠擠壓下腹部。天啊,那真的叫解放,像瀑布一樣噴出來的尿究竟有多少?我還沒看過一次可以放這麼多的尿!尿完牠大便,溫蒂說:「大便牠自己可以。」

今生好好愛動物

天啊！誰會每天幫牠擠尿？誰知道牠需要幫忙？

後來我忍不住問溫蒂：「你沒去時他們會遛牠嗎？」

「才不會！他們覺得牠是神經病！」

志工室裡剛好有幾個新的頭套，軟的那種，溫蒂想幫牠換一個。

所內狗戴的頭套又舊又爛，都不知道戴了多久。

於是她把黃黃拉到志工室，換一個像一朵花一樣的粉紅色布頭套。結果一比，太小了，牠還是會啃到自己的尾巴；她再幫牠換一朵大一點的綠色花，結果太鬆，牠還是可以碰到尾巴。弄半天，最後還是換回硬頭套，但是有好看一點。之前那個就是很想直接丟進垃圾桶。

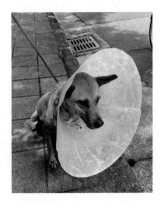

黃黃的情形和阿嚕一樣，如果在家裡有人可以看到，牠們可以先不戴頭套（我朋友做過一個頭套自己戴，不用五分鐘就瘋掉了），但是志工也是每週來一、兩次，所內的人也不會每天關注這些狗。因此，最省事的方式就是讓牠們一直戴著頭套。萬一又去啃爛尾巴、抓傷眼睛，所內的矛頭又會指向志工。志工也不想沒事淌混水，最後被犧牲的就是不會講話的動物。

小圓因為倒在犬舍，幾餐不吃，被送到病房。病房其實只是上下兩排的籠子，空間很小，另一邊是牆，你就知道這空間有多小！牠倒在籠子裡，身體半濕，因為籠子一天都要沖洗幾次，清屎尿。牠大概很虛弱或是不舒服吧，倒下去也沒管濕不濕，溫蒂幫牠鋪毛巾在下面，擦乾牠，給牠吃雞肉，都是溫蒂自己從家裡準備來的。有雞肉，牠吃了。

　　生病的狗都不會想吃飼料，沒胃口，那些飼料三百六十五天、七百三十天、一千〇九十五天都是一樣的，早晚都是，沒有任何罐頭、零嘴、蔬果。狗也是吃菜的，我家這隻從收容所出來的癌症狗聞到高麗菜、小黃瓜、香蕉都會站起來。狗怎麼可能光吃飼料？營養夠嗎？三百六十五天給動物吃一樣的飼料對嗎？這些問題我能去問誰？

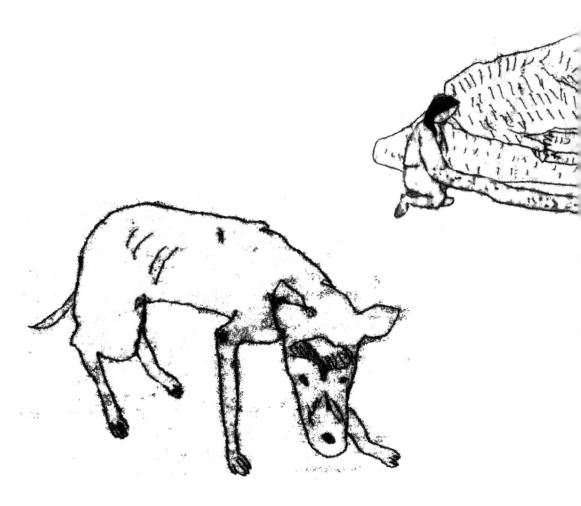

　　　　　　　　　　　　　　　　　　　　　　　　今生好好愛動物

　　負責膳食的動管員沒有想過這些問題嗎？他說只給飼料是因為怕狗會挑，拌罐頭也會導致狗打架。我見過飼料房，滿滿的大包裝飼料，不是外面賣的那種，外包裝不是，看起來就是標案。廠商連外包裝都省了，像米袋一樣的飼料堆滿半間倉庫。為什麼獲得標案的公司、負責的人，不會想到可以給狗多元的食物呢？為什麼負責膳食的動管員不多一點同理心呢？我沒有權力去指責他們。為什麼整個收容所的這些核心成員沒有人想到這件事呢？

　　而且狗有各種狀況，有些吃腎處方，志工要去外面募特別飼料，藥也是。我看溫蒂拿維他命、自己帶的雞肉去餵病狗，病狗一口氣把三顆膠囊和雞肉都吃掉了。

　　我跟著溫蒂一個早上，從十點到兩點，她沒有休息過。如果溫蒂沒有來，就沒有人幫小圓鋪墊布、幫黃黃擠尿、換頭套，餵很多隻狗吃一點點雞肉、摸摸牠們；也就沒有人去遛那隻長得很像山豬、沒有毛的狗清蒸，以及被主人棄養、有躁鬱症的狗米漿。溫蒂順手處理她看見的穢物，比如癱瘓狗、被主人棄養的柴犬豆豆，拿掉被牠拉得亂七八糟的尿墊，幫被舍友咬到脖子重傷、正在發抖的狗鋪上一層墊布。

　　這些事說起來好像很簡單，但完全不是。狗和你不熟，把手伸進去，或者動到牠的身體，都有可能被咬。沒有經驗、不愛狗的人做不了這些事，這就是為什麼醫助把小圓移到獨籠可能已經要搞死他們，沒有餘力再去注意牠的身體是不是濕了，冷氣又一直在吹。所內沒有人會建議要配一些雞肉給狗，至少在病弱之際，對狗這種吃是一切的生物，加上牠在所內已經沒有主人了，吃是多麼重要啊！人類的一點點心意可能能讓牠們半天都很安穩。肚子餓但沒胃口吃，正常的人類沒有想到這種事情。

　　如果沒有人看到受傷的狗正在發抖、沒有人盡快處理癱瘓狗的穢物、沒有人及時幫貓狗擦去鼻涕，牠們只能一直那樣，甚至過夜、一整天，沒有人知道。動物不會注意拉屎的時間，如果牠剛好在清潔後拉屎，就要和自己的屎度過八小時，可是志工看到都會順手幫忙清掉。沒有人會獎勵，沒有人會看到，但是他們會做。

　　　　　　　　　　　　　　　　　　　今生好好愛動物

（不過，倒也不一定。有一次，我在看貓的時候，無意間看見清潔先生拿衛生紙幫一隻大黃愛滋貓擦去鼻屎還是眼屎。我問他三腳貓巧巧會不會自己上廁所，他說：「巧巧很厲害喔！」後來我領養了巧巧，他開心地和巧巧說：「有人要領養你了！」）

*

溫蒂基本上都在關注比較「難搞」的獨籠區。

一隻全黑的莉莉安，工作人員給了牠一個七彩胸背，讓牠馬上變得和所有狗不一樣。莉莉安有幼狗的淘氣，套上七彩胸背更是可愛。

牠看來就是天真的白目，所以住獨籠，在太空艙區的上層籠。要把牠抱上抱下還得爬上凳子，對志工來說很危險。那天溫蒂差點就要被莉莉安搞得摔下來。

接著溫蒂拉了Yoyo，牠有一雙像鬥雞眼的恐懼眼神。黃色的，和另一隻有焦慮症的狗很像。溫蒂要碰牠的時候，牠好像想咬人，看得我都捏了把冷汗。要上牽繩，還得把牠從二樓籠子抱下來，實在有夠危險。要把一隻十幾公斤、動來動去的狗從上面弄下來，一不小心人和狗都會受傷啊！

今生好好愛動物

　　所內有一診、二診。一診在大廳內的一個小房間，民眾帶動物來打預防針就會在那裡，平常沒有獸醫。二診在後方，是民眾禁區。一般貓狗有異樣通常都是志工發現的，因為他們是最接近動物的一群人，偏偏最了解所內動物的人都不是所方人員，而是志工。他們發現稍有異樣就會把貓卡拿給二診，狗的話就直接牽去（因為貓移動不便）。

　　支撐全所七百多隻貓狗的醫療站吃驚地小，像個簡便的醫療站，一打開門就是診間。一個小小的診檯，一個獸醫，兩、三位醫助，溫蒂和我一進去就滿了。事實上，它真的比我去過的任何一家動物診所都小。醫師看起來很年輕。

　　那隻倒下去的大狗，全身非常狼狽，毛髮糾結，又濕又髒，嘴上了嘴套。牠躺在地上，並沒有外傷。醫助拿溫度計去量牠的肛溫時，牠的屎失控地緩緩流出來，黃色的屎水流在地上。不用說，牠的毛也沾得一塌糊塗。一看到這種不健康的屎水，誰都知道那是傳染源。

　　溫蒂後來去換了圍兜，洗了手，消毒全身，這要很小心。後來他們驗出那是冠狀病毒，就是一種導致狗腹瀉的傳染病，同一籠的狗都有可能感染。溫蒂後來和清潔大哥說這隻狗有冠狀病毒，要注意排泄物和水。又說所內沒有橫向溝通，他們不會把這件事告知有接觸到這隻狗的人。溫蒂經驗很多，所以她會去多管閒事，感覺所方沒有一個很好的觸及整體的公告、應急的配套措施，最後犧牲的又是不會說話的動物。

溫蒂後來去狗病房。狗病房和貓病房一樣分隔左右兩間，都很小！除了上下兩排籠子，地上還有兩、三隻打地鋪的。我看到兩隻毛色較淺的狗。在這裡，只要不是黑狗，都很好記！牠們住樓上樓下，看起來沒有異狀，很好看啊！

　　「對。牠們沒有生病。一隻叫豆皮，一隻叫糖糖。」

　　糖糖好像視力不太好，但這不算病。至少在這裡，這種狀況不會得到醫療。牠們只是需要住獨籠而已，不然會被別的狗打。牠一看到溫蒂就興奮地在籠子裡一直轉圈。溫蒂給牠吃雞肉。溫蒂會給每隻狗一點雞肉開胃，順道看一下牠的狀況。

　　籠外有兩隻狗。溫蒂說，牠們本來是癱瘓的，現在好了。最裡面有一隻老到不堪入目的狗，進來的時候皮膚狀況很不好，因為溫蒂去處理，所方才去處理，現在已經完全好了。

　　可能有時候，所方會覺得老狗沒必要處理，就是放著讓牠爛。現在皮膚好了，至少看到牠不會太可怕而不想靠近牠。

　　你看狗都倒在那裡流出血尿，他們也沒去處理。我說，你們要不要去驗一下？

　　那隻狗躺著，對吃一點興趣也沒有。我仔細一看，後來找人一起來幫牠擠尿。擠出很多很多血尿。牠舒服很多，爬起來去喝了好多水。

還有一隻脹尿沒人發現。送去急傷時，照X光，膀胱已經擠到？了，後來一直惡化下去。因為牠本身狀況不好，不適合開刀，就走了。

　　你看這個圓仔。最近咳嗽，越咳越凶。

　　我問，醫生有開藥嗎？

　　結果，醫生說，照了X光，沒有肺炎。

　　那有驗血嗎？

　　一個月前驗過。

　　有心臟病導致腹部腫瘤的狗、癌症的狗，牠們被放在這裡，所方不會安排手術、不會做化療、有沒有藥吃也不清楚。所以志工們成立一個協會，把傷病犬貓從這裡帶出去，募集醫藥費、找中途家安置。你可能會想，動物之家是公立的，不僅幫它救動物，還要自己出力出錢？

　　沒錯，我親眼見到很多隻，我還接了一隻癌症狗來我家。志工幫牠募化療費用、糧食費用，我出力，提供一個家。或者有一些很慘的、要被安樂死的，他們也會救出來，徐文良也接手過不少隻。有多少人接了收容所的爛攤子呢？狀況不佳，特別是老貓老狗，收容所收是收了，但是不太會理牠們。如果沒有志工關注、介入，收容所絕對是一個更可怕的地方。除了監獄，還是沒有醫療的傷殘病院。

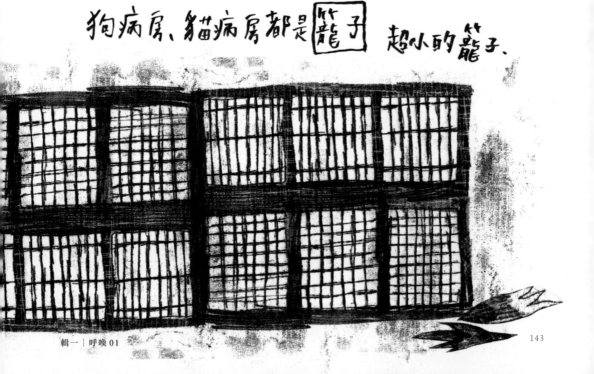

狗病房、貓病房都是籠子　超小的籠子。

溫蒂看了看志工室的遛狗白板。他們的原則是遛最久沒遛到的。

「我去遛小虎。」（兇，白板上註明。）

「你不怕嗎？」

「我和牠互動過幾次了。」

小虎從太空艙的籠子被拉出來時，我才看到牠是全黑的，一隻前腳彎成奇怪的形狀跛著走，一拐一拐，很慢。牠很大隻，只用三隻腳行走還不太行。

溫蒂給我看牠單獨撐在地上的一隻前腳，「你看，這肉墊已經有點因為壓力大而變形。」

溫蒂把牠拉到外面散步，解開牠的頭套。

「天啊，好臭！」我忍不住說。

那頭套好臭，濕濕髒髒的。牠的頸部也都濕濕臭臭的，不知道有沒有傷口。

那隻變形的腳還有小小的褥瘡。

「我要幫牠洗澡。這個頭套要先泡一下。」

註明會咬的小虎，一點也不咬啊！我都還能摸到牠。

小虎在外面大了屎。溫蒂把牠拉到美容室，先用浴巾把旁邊的狗籠蓋好，因為洗澡區也被放了兩排上下狗籠，怕水會噴到旁邊的狗。她沒戴手套，先洗一次，又再洗一次，小虎完全乖乖地讓她洗。

我從小就會幫家裡洗狗，從來沒看過有人洗狗洗得這麼仔細。

我在旁邊看著都覺得很享受。

洗完，溫蒂又蹲在地上用吹風機吹了好久、好久。

我心想，洗一隻狗花半小時！

後來想想，說不定這是牠進來後第一次洗澡。第二次，沒有人知道是什麼時候。

我去的時候，志工室沒冷氣、後貓舍兩百多隻貓沒冷氣、一間貓病房沒冷氣。聽說因為要搬家，沒有要換新的，但什麼時候要搬，也沒有人知道。

「沒冷氣的話，籠子底下的尿垢不會乾，那也沖不乾淨。」

「一靠近，阿摩尼亞衝上來，我的眼睛都被刺到。何況是狗一直被關在那裡。」

「之前犬舍冷氣壞掉，有兩隻狗中暑死了。」

「所方說，是志工天氣這麼熱還帶出去遛死的──你怎麼不說是因為沒冷氣？」

「你看，狗沒吃到藥。」

溫蒂俐落地從圍兜裡拿出一、兩塊雞肉，混入膠囊再放回狗籠。

真的要摸過很多隻狗，才能有這種熟練。

她到底摸過多少狗呢？

     *

二〇二一年五月，天龍市疫情三級的時候，收容所閉館。我原本的採訪全被取消，所內原來有四場國小的參訪也直接取消。

「當時志工一天只限來四位，來的人就拚命遛狗。」

「所內的人一早打電話給我，居然說：溫蒂姐，你們可以不要遛狗嗎？」

「你們一來狗都很躁動！」

「我說，噢，你去跟○○講。」

「狗如果沒有出去走走，會更無聊、體力無法發洩，才會咬狗！」

「這就是做久了的職業倦怠吧。」

有人說志工遛狗分成兩派，一派是量比較少，會一隻一隻注意；一派是以量取勝，能遛越多，讓越多狗出去越好。

「我不覺得有這樣劃分，這都是一種過度，剛來的志工可能很心急，想讓更多的狗出來，慢慢就會開始注意狗的狀況，腳跛啊、皮膚啦，看到有不對的就牽去給二診的獸醫看。」

「遛狗真的很重要啊！」

「狗要聞嗅！」

今生好好愛動物

「所內的人一早打電話給我，居然說……溫蒂姐，你們可以不要遛狗嗎？」

「有些人來了說，還不錯耶，有志工遛狗。」

「有些人是不敢看，不想看到也不想知道。」

「有些人是來了站在籠子前面哭。」

　　我感覺溫蒂花費超過不輸一份正職的時間和心力在收容所。太多問題、太多事永遠處理不完，像當時十一月，全國疫情算穩定，溫蒂和所方爭取可以不限制志工人數，結果所方要求志工要有注射完兩劑疫苗的黃卡，但其他人員不會被要求，對志工要求最多、限制也最多。她叫志工把黃卡回傳，希望十二月一定要對志工全面開放。

　　現在，週末要去的志工都還有排不進去的，要去去不了。

　　這十一年來，她每週固定二、四去，一次去四小時，現在週五也會去。

「你有不去的時候嗎？」

「只有那時候，和所方吵架的兩、三個星期沒去。」

　　「不會覺得志工沒賺到錢，又付出那麼多嗎？」

　　「不會耶。我們反而是想，我們事業可以順利，就是因為一直在做志工。」

　　「放棄當獸醫，有後悔的時候嗎？」

　　「當成工作會有壓力，沒有那麼愛做。」

　　「做志工，就是在幫忙。」

　　（確實，有獸醫師混在志工群裡，志工團一下子就變得很有信心。狗貓的問題很多，大家的心態也都是想多方確認，比如這隻狗的腳跛了，該怎麼做？或是突然頭歪的，志工群體的經驗加總起來不會輸給專業。而中間的核心人物溫蒂，因為她是獸醫師又是資深志工，大家更相信她。）

　　　　　　　　　　　　　　　　　　今生好好愛動物

我每次去找她，她都順手給我終途的癌症狗一大堆吃的。我都只拿一半，說，不用給牠那麼多，所內的狗比較需要。

　　「你確定要對牠那麼好？」

「就是要對狗好啊！」

　　（這句話我也是花了一些時間才體會。因為牠們已經被限制了自由，環境又惡劣，很可能下次去的時候就不在了，要及時。）

　　「狗會笑喔。」

　　「土土的同伴在犬舍死了，牠也被發現狀況很差，臉上有一個菜花瘤，脾臟有腫瘤。我們將牠帶出去醫好，送去農場代養一年多，後來農場說牠失智了，叫我們接牠回來。我們就養在家裡。當時的喵喵本來很怕狗，養了牠之後我們就沒有再帶狗了，土土來了喵喵也沒怎樣。」

　　「我很喜歡這張照片。掛在我家裡。」

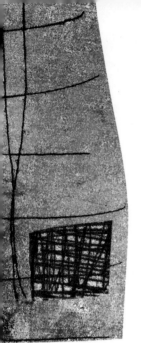

「動物志工」和「獸醫師」有可能共同存在嗎？還是一個二選一的題目？

跟溫蒂聊過、跟著她在收容所很多次後，我發現答案很肯定，毅然選擇「動物志工」。她能夠觸及、幫助的是真正需要幫助的動物，經營一家動物診所能夠觸及的，相較之下真的小太多、太多了。我走訪一輪收容所志工，發現她做的事，難以被其他志工取代，特別是帶出病貓病狗這一塊，以及貼文找中途、領養，她的個人臉書從來沒有自己的事，都是需要幫助的貓狗。她說，以前的功力比較好……（送養率比較高。）

她固定知道幾個「會有機率」的社交社團，像是「我要當流浪動物義工救援團隊」、「收容所裡的毛孩子—救援 認養 SOS」、「米克斯傳奇」等。

這半年，我親眼見到求領養文除了要放對地方，還要不離不棄。

從我走進所內的那一天，就看到那隻叫豆豆，車禍癱瘓被主人棄養的柴犬。之前溫蒂早就貼文貼到牠的主人出現，但卻冷血離開。我每次去都會去瞄一眼，看到牠在地上的狼狽模樣都覺得很難過。半年後的某天，溫蒂告訴我，豆豆被領養了！我緊接著問，怎麼被領養的？（因為民眾不會看到牠。）溫蒂說，她有一個網友，每隔一段時間就會重發一次豆豆的求領養文，一對民眾看到，也在志工的幫忙下讓人狗互動，聽說互動第二次後就說要領養了。

還有一隻車禍的癱瘓貓，我也在自己的臉書貼了兩次。所內志工的專頁也貼過。後來牠尿道發炎，溫蒂把她送去急傷醫院，好不容易控制下來了，就想說來

　　　　　　　　　　　　　　　　　　　　今生好好愛動物

找家吧，不要再回去所內了。

　　後來她的網友叫她找一位據說很會照顧癱瘓貓的人，住在高雄，她安排好，找人送貓過去。

「最近有一隻眼睛看不到的老狗叫哈克，在犬舍被群咬。」
「看不到還被放在一起？！」
「沒位子啊！」
我看到哈克的時候，是在外面的急傷醫院，牠整個倒在那裡，沒有動。
後來溫蒂給我看照片，牠的頭皮被撕開，還化膿，腿有一處也是。
「我問所內的獸醫師，哈克有沒有比較好？」
「一位醫師說，我昨天不在，所以不知道。」
「或者說，還要再觀察幾天。」（所以不知道，因為是排班，推來推去。）
　　可是溫蒂看傷口狀況不佳，直接帶牠到外面的急傷醫院。當然錢不是收容所出的，是協會要去募。
　　像哈克這樣的末路狗，失明又被咬過，志工們也很心痛讓牠回去收容所。
　　像這樣的狗，找中途沒找到，溫蒂幫牠安排去付費的狗園。
「狗啊，你看牠在收容所這樣躺（傷病很重的），知道要被領出去，都會坐起來。」

溫蒂的筆電，從二〇一一年起迄今的資料夾、相簿整整齊齊。

每一年點進去是每一隻狗的名字，再點進去有狗卡，狗的幾張照片。

這是個叫「快樂天堂」的資料夾。

「那些走的狗的資料我都不太想去整理。」

「為什麼要整理？」

「協會要處理牠們的醫藥費啊，要報帳。」

我去找溫蒂的那天，下午二診獸醫打給她，請她買狗的維他命。

「為什麼不用所內的管道？」

「因為她也知道這樣來來回回要拖很久，她會打給我已經很好了。」

「醫助要東西打給你，清潔要東西也打給你？全部人都找你？」

「有幾位會找我啦，會找我還是好的。」

那天我問她有沒有布？想給貓籠的貓鋪在層板上。

結果還真的有，兩大包。她還說，需要的話這週日她還可以去拿。

有一天晚上，我問她布的事（要做貓毯）。

結果她打來，說她在西門町旅館載舊浴巾，還沒吃晚餐。

之前她去桃園載幾大袋的布，讓我編毯子給貓。後來又載了一次。卓媽媽狗園要布給外面的狗。

「我有放一袋在互動室，你要用的時候就有。」

除了去天收做志工，其他還有多少時間要花在聯絡、協調、找資源、買東西……

比較熟的志工問她，她為什麼不在所內當獸醫？

我現在已經不會這樣問她，因為，她出嘴巴就好了。我首次領會到這種境界。

「所內現在有那種很兇的、會咬人的、沒有人有辦法帶出來的狗嗎?」

「很少。像牛牛,之前我帶過,那個誰誰誰也會帶,可是他不來了。有一次,有志工帶牠去後面,突然就走不回來了。後來是用那種控制桿把牠拉回來。」

「我去問寵物溝通師,為什麼牛牛以前可以很順利地出來,現在不可以?」

「現在我會給牠一點牛肉或雞肉,摸摸牠,可是牠的眼神變了,我也會怕。」

「溝通師說,牛牛說,有一次在外面,跟一隻黃狗打架,有人踢牠……」

「我問了所有人,沒有人說有這回事。」

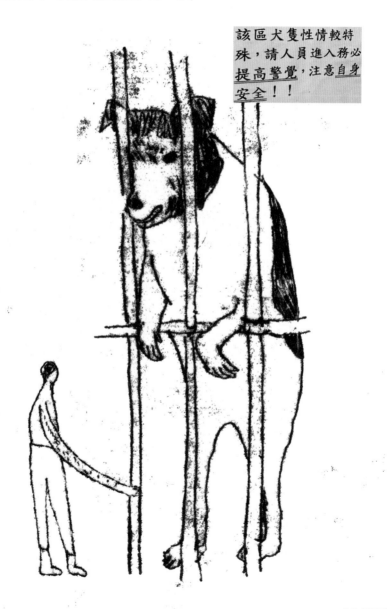

該區犬隻性情較特殊,請人員進入務必提高警覺,注意自身安全!!

今生好好愛動物

「還有清蒸。但牠是害怕，不敢出來，兩年了，牽不
出來。現在因為不吃就先移到獨籠，雖然籠子有點小，可
是我一週至少會帶牠出來一下。」

（清蒸於二○二三年六月往生。）

二〇二一年底，恢復安樂死的聲浪再次湧現。

新聞摘要：

隨著柯文哲動保政策搖擺不定，北市持續超收流浪犬貓，使整體收容空間不足、環境惡化，導致去年及前年的犬貓總死亡隻數均突破兩百隻，去年收容死亡率高達百分之六‧〇一，較零安樂死上路隔年的一百四十六隻、死亡率百分之三‧九一大幅成長，其中貓隻去年死亡一百七十四隻較二〇一八年成長近乎一倍，截至今年十月，收容犬隻的死亡率高達百分之四‧三八，也較往年多出一‧七餘倍。

獸醫出身的北市議員楊靜宇實際現勘後指出，目前所內犬隻幾乎超收兩倍，五到七隻狗同處一室，而貓咪則多隻關在組合籠內，放於人來人往的走道邊，從動物行為及弱肉強食的自然法則而言，許多犬貓因密集飼養而長期處於精神緊張、營養不良的環境下，勢必提高死亡風險。

「你看，很多人都在底下留言支持恢復安樂死。」
「我知道有一些志工也是支持的。」
「因為他們沒有經歷過安樂死！！！」溫蒂馬上說了這句。

「安樂死的衡量不是可以制度化的。」
「你知道，會被錯用的！」

「像昨天，丹堤，癱了，又有點兇。才來不到一年的動管員就問說要不要安，我說：牠還在享受狗生耶！」
「什麼意思？」
「牠還會吃啊。」
「後來動管員也說，是吼。」
（就沒有安了。）

北市動物收容爆量死亡率大增 議員、民團要「柯Ｐ站出來」

安樂死

（EUTHANASIA）

在英文裡頭，「安樂死」一字是從兩個希臘字發展而來：eu（好、安適）與 thanatos（死亡）。在美國的動物收容所（shelters）、獸醫院以及研究實驗室中，每年都有數以百萬計的動物在無痛苦的狀態下被送上西天（euthanized 或 euthanatized，兩字皆通用），因此安樂死便成了動物福利（Animal welfare）研究當中的一項中心議題。動物醫學與人類醫學對安樂死的定義有些許的差異。人類醫學把安樂死一詞嚴格界定為「慈悲的謀殺」（mercy killing）：一旦死亡對病人而言是一種求之不得的解脫，可以幫助他脫離痛苦不堪或失去意義的生命時，一種賜予他安眠的行為。然而，動物醫學的定義則較為寬鬆。除了讓得重病的動物得以解脫，其他諸如便利飼主、數量太多、行為異常、捐贈身體組織以供研究等等也都成了讓健康的動物安樂死的理由。

有時「放倒」（put down）、「讓牠睡覺」（put to sleep）、「犧牲」（sacrifice）、「銷毀」（destroy）等字眼常被用來當成替代安樂死的委婉說法。不過這些字眼可能會引發誤解、或者帶有特定的弦外之音。特別是當獸醫師把安樂死或麻醉都形容成讓動物睡覺的話，那只會徒增客戶以及他們的小孩的困惑，無法讓他們知道醫生到底接下來要對他們的寵物做些什麼事。

美國動物醫學協會（AVMA）在 1963 年首度出版了動物安樂死的指導方針，並於 1972 年、1978 年、1986 年以及 1993 年推出修訂版。動物在整個過程中所經歷的生理痛楚與心理折磨是評估安樂死技術的首要準則。其它的準則也包含了安樂死對尚在人世的人們所造成的情緒衝擊、適用藥物是否容易取得、是否會有礙下一步的檢查以及對動物身體與組織的使用等等。這一套指導方針僅止於陳述安樂死的方法，至於特定的動物為什麼、何時、是否該被安樂死等議題則是未置一辭。

對任何一種動物到底要用哪一種安樂死的方法才最妥適，則要看牠的物種、年齡、體型以及個性而定……

——《動物權與動物福利小百科》，P168

因為他們沒有經歷過
安樂死！

「看很多了，知道哪些狗不想走。」

（我第一次看到癱瘓的狗時，心裡真的很難受，站在人的立場，會覺得牠很可憐，不如安樂死算了。可是，那是因為看得太表面，就像溫蒂說的，只要牠還會吃，還願意吃，我們就不應該安。需要安的，是另一種慘的境界。）

二〇一一整年，官方報告沒有安樂死。
不過，事實真是如此嗎？
有一隻腫瘤很嚴重的貓，原本在急傷醫院，後來說送回去所內，被領養了。
（結果是由之前的獸醫領養，帶出去安樂。）

今生好好愛動物

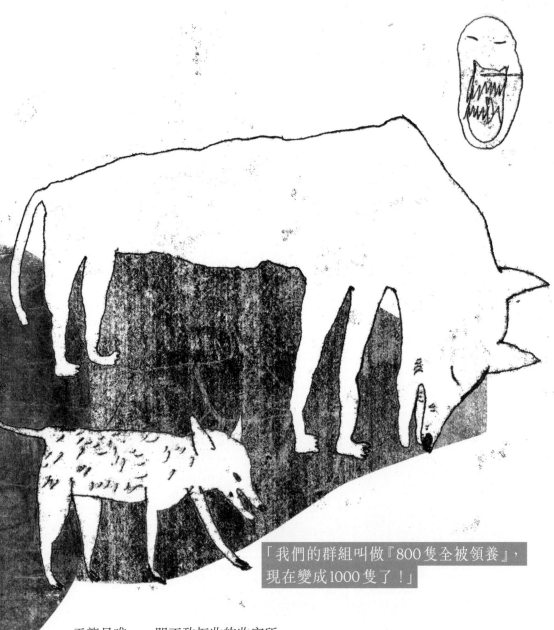

「我們的群組叫做『800隻全被領養』，
現在變成1000隻了！」

　　天龍是唯一一間不敢拒收的收容所。

　　（其他縣市因為已經爆量而拒收，拒絕收民眾棄養，也拒絕電話通報捕抓健
康犬貓。但天龍不敢，來者不拒。）

「有民眾送屍體來火化，已經在哭哭啼啼，說剩下的貓糧要捐。櫃檯說，我們沒有收。」

「然後旁邊志工在照相，拍民眾捐的處方箋飼料。」

因為有法規限制，所以公家單位拒收捐贈。可是，沒有錢買夠多、夠好吃的罐頭，沒錢買處方飼料（像是腎衰、泌尿道）還有幼貓糧等等，只好轉由志工名義來募集，由志工募來給所內使用。

溫蒂說，去看嚇了一跳，幼貓糧快斷糧！

愛心募集～
皇家離乳貓專用飼料 BC34
皇家幼貓專用飼料 K36
皇家貓糖尿病配方 DS46
皇家貓飽足感體重管理配方 SAT34
最近收容所貓好多狀況，除了幫忙攜出醫療，穩定回所後更需要長期處方飼料維持，挪威確診糖尿病，交大確診乳糜胸（需要低脂食物控制）⋯⋯
請願意幫忙的朋友購買後寄到（略）志工收／02-xxxxxxxx，並請大家幫忙分享，感謝！

（後來，也確實由她募到了。）

麻木
（POLYISM）

麻木（Polyism）在這裡是指由於數量太多而不再在乎動物的苦難（見〈對動物的同理心〉）或是失去同理心的現象；而在同樣的情況但動物數量較少時，則不至於如此。這通常都和束手無策或是做任何事都無濟於事的困難有關。諸如，任令拖網漁船甲板上的魚因為無法在空氣中吸到氧氣而死亡，或是對集約飼養（見〈工廠化農場（集約飼養）〉）農場中，數千隻肉雞養在一個雞舍，到處出現跛腳、骨折、或死亡雞隻的現象「視而不見」。

David B. Morton，悟泓譯

——《動物權與動物福利小百科》，P278

「二診會找我們（志工）拿罐頭、飼料、肉……病房要用、餵藥需要啊！」
「我們募了，也是給所內用。」

公家收容所沒有錢買處方飼料，又不能募，要由志工自主、志工人脈去募得。櫃檯人員就是板著臉和所有民眾說，我們、沒有、在收。

你會和當初的我一樣滿臉訝異，公立收容所沒錢買罐頭和處方飼料？
帶出去醫的動物，也要志工自己募醫藥費？
是的。早期幾位志工成立「貓狗同樂會」，籌備志工帶出去就醫的費用，也張羅老病狗的終途照護。目前在照護老病狗的志工大約只有十位。看到那些只能一直縮在窄小籠子裡的狗貓，我多希望每一隻都有機會回到外面吹吹外面的風。

「民捐如果不夠呢？現在網路上那麼多在募款的。」
「我們有爭取到所內的一筆急傷費，但大約只夠用四個月。很少人在捐，有點靠老本，以前捐的比較多。」

最後的最後，我突然想看溫蒂的「快樂天堂」資料夾，於是去找她存，回來放了兩天，遲遲不想打開。總共有三個資料夾，每一個裡面有約近一百隻狗，她認識、帶出去看醫生的貓狗，已經去到另一個世界。「這些是我有貼文的。」意思是走的狗當然不只這個數字。她貼文的意思是有帶出來醫、或者募款的。

（一年後，我親身經歷了照顧過的貓往生，才一隻而已，無意看到牠生前的照片還是會一股傷痛。我開始想像溫蒂所承受的一切。對，只能不去回想，只能往前，因為還有很多動物需要幫忙，沒有時間悲傷。事情一直來一直來，特別像她是在顧病老狗區。）

我要了最後一個、最近的「快樂天堂」資料夾，照片竟有兩千三百張。裡頭有幾隻我認識的狗、做採訪時看她弄的狗。我以為我不認識那些狗貓，看了還好，沒想到看了不到一個小時，我就流淚了——天啊，這是全台灣最沉重的照片啊，竟然深埋在一位志工的電腦裡。我突然明白，一開始我問她有沒有寫些什麼，她

搖頭。我現在懂了,她是用影像在記錄!她的照片整理得如此費心,每一隻狗,有狗卡、沒生病前的照片、病歷,還有血腥照、X光,被帶出去終途的有在外面的照片、有些有和志工親暱的照片、帶出去就醫在車子裡的照片、在外面就醫的照片,有些還有告別式的照片。

每一個名字,就是一本小小的紀念冊。沒有被領養的貓狗、死在這裡的貓狗,十多年來,她經歷了近三百隻。如果把這三個「快樂天堂」資料夾的照片全部做成一本攝影集,絕對是台灣收容所最真實的一面。

以下為「快樂天堂」資料夾的冰山一角：

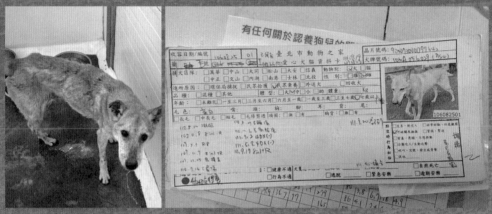

檸檬（2017 年入所，2023 年往生，在收容所 6 年）

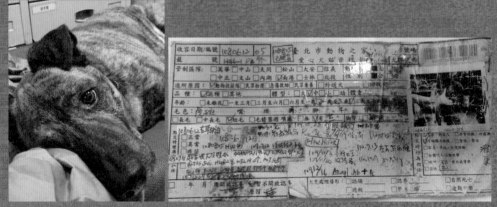

潤東（2019 年入所，2022 年往生，在收容所 3 年）

今生好好愛動物

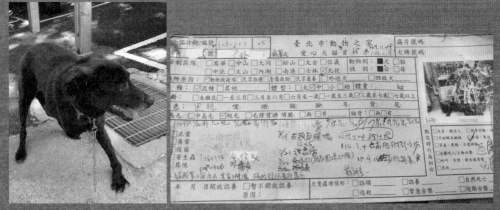

過兒（2019 年入所，2021 年往生，在收容所 2 年）

蛋餅（2017 年入所，2021 年往生，在收容所 4 年）

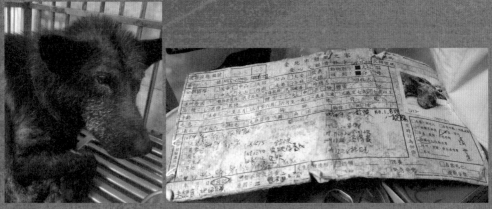

清蒸（2019 年入所，2023 年往生，在收容所 4 年）

黃帝（2016 年入所，2023 年往生，在收容所 7 年）

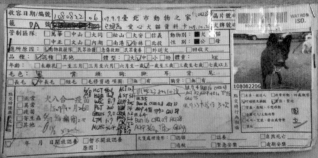

國立（2019 年入所，2021 年往生，在收容所 2 年）

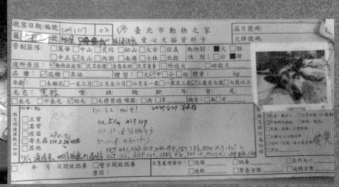

笑笑（2020 年入所，2021 年往生，在收容所 1 年）

今生好好愛動物

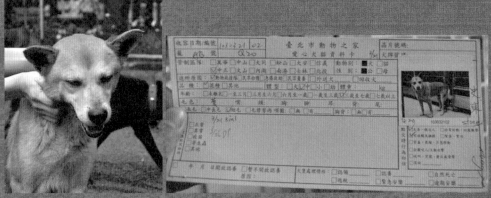

史東（2014 年入所，2014 年往生，在收容所 4 個月）

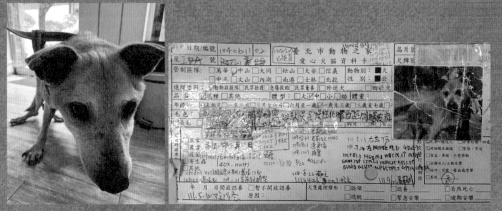

卡斯（2015 年入所，2021 年往生，在收容所 6 年）

Puma（2015 年入所，2021 年往生，在收容所 6 年）

琪琪，志工2年

回家了！吃肉肉了！

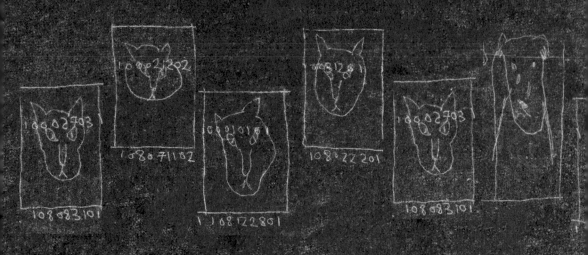

　　琪琪週四早上來當貓志工。她自己轉了兩趟公車才到，揹了一大袋東西，先是幾個小箱子，給貓的（因為貓喜歡箱子）。所內不會想到這些，他們提供的就是一個鐵籠、貓砂盆、水碗。你看到的箱子都是志工自己蒐集，大老遠帶過來的。她還自己帶了肉泥、罐頭，還有七、八個不鏽鋼貓碗！

　　她先到她認領的籠子（每位志工會負責幾籠親訓，可是平日這五天只有琪琪一個人來），週末比較多志工（但最多也不會超過五位）。這兩籠在走道上，因為原本的貓房滿出來，之後就放了一整排。工作人員進進出出都會經過，對貓而言有點不得安寧，特別是靠近門口的。貓對聲音非常敏感，撞門聲、一下子人很多、講話大聲都會讓貓緊張不安。

　　我們蹲在籠子旁邊用伸縮棒餵貓，只要有人經過，我們都要先閃到一旁，你就知道有多狹小，根本是擋路。有時候工作人員直接說他們現在要工作，問我們要不要去別地方。
　　（後來我去當了志工更切身體會，空間窄小，人員走動不便，那裡的貓也大部分很緊張，和前貓舍相比差很多。空間確實會影響到貓的放鬆度。）

　　聞到肉泥，沒有一隻貓站起來。牠們好像已經半生不死，對世界絕望。琪琪每週來餵食一次，沒有一隻貓看到她會站起來，還很懷疑地舔了舔肉泥。有一隻貓還伸手打她，我也差點被打到。「我餵你這麼多次你還打我？」她說。其實一週來一次，有些志工是兩週來一次，貓根本不會記得你，你也不記得貓。

　　　　　　　　　　　　　　　　　　　　　　　今生好好愛動物

　　她先用伸縮棒把肉泥伸進去給貓吃，接著慢慢縮短距離，再接著有些不會出手抓人的貓可以舔你手指上的肉泥，這叫貓的「親訓」，有機會還要拍照或影片，回家再幫忙貼在志工區的粉專。每隻貓碰過的東西都要洗過，碗也是。一個禮拜來「親訓」一次雖然不見得貓會變得親人，可是總好過一整天、一整年蜷在那裡。

　　「他們只會給貓吃飼料嗎？」
　　（很多人會好奇收容所用哪一家的飼料，答案是一家沒有在外面賣的，我寫在我的志工日記裡。）
　　「好像有給一點罐頭，幾乎看不到的那種。」
　　「可以給貓草嗎？」
　　「他們說要把貓草清乾淨，所以我有的話就放在貓碗裡。」
　　我包包裡有木天蓼，不過，因為給一隻貓玩過就會有牠的口水，所以我拿去洗一下，感覺味道會消失。後來又拿去一籠愛滋貓，牠們好喜歡，就留在那裡了。當然，如果依所方規定，應該要自己清掉，但反正只是一根小樹枝，對清潔人員應該沒問題。

走道上有兩籠愛滋貓，一籠有三到四隻。其中一籠裡蹲了一隻瘦小的、混花色的貓。

「大白菜，本來是我那籠的貓（有陽光的貓房）。她在這裡五年，離幸福只差一步。好不容易有人要領養她，結果一驗是愛滋貓。」
「她就沒有回去原本那籠（換環境對貓很傷），可到新的一籠搶不到吃的，結果來到這走道的籠子。」

大白菜蹲在最角落，面對肉泥一動也不動。
「大白菜，你不認得我了嗎？」琪琪叫她。
大白菜像生病那樣一點反應也沒有，肉泥一口都沒吃。

（隔天，琪琪又拜託去的志工看看大白菜，大白菜也是縮在角落，等了很久還是一口都不碰，後來志工想到牠可能不喜歡這種口味，換了一種，大白菜就吃了！看到牠吃了好幾口連我也激動起來，大白菜在籠裡很不起眼，可是吃起東西就能看清楚牠的瞼了，牠的臉像老虎一樣俊俏，不仔細看還不知道。
二〇二一年十二月，大白菜被領養了，領養人沒有條件，愛滋貓、白血貓都可以。）

琪琪自己的籠看完，又特別去了一籠，原來她想領養裡面一隻叫飛雲的貓。
我一看，那隻貓的感覺和大白菜很像，我心想，這人怎麼都喜歡這型的貓！
琪琪去飛雲那籠餵罐頭，說：「我特別為你來的，結果你不吃！」

她自己也在這裡領了一隻貓。
「牠親人嗎？」
「說親人也沒有很親，抱兩下就走，摸兩下也走，但還是摸得到。」

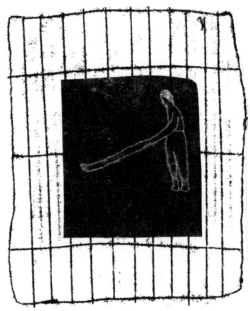

「三級警戒時，他們規定志工一天只能來四位。那時候壓力很大，來的人就拚命遛。現在我一天只要遛十籠，比較輕鬆。」

除了當貓志工，琪琪固定週二、五來遛狗。她把牽繩帶回家洗，也會準備給狗吃的雞肉，後來我發現她還會買罐頭，有時候有雞蛋，還有給老狗的維他命。把包包放在志工室後，她穿上圍兜、帶上牽繩就往狗舍去。她都會從「她的」那一籠開始，後來她也說，她只給她那一籠的狗吃雞肉，一邊說自己偏心。

（兩邊犬舍一百多籠，一週固定出現的志工大概十位，其他志工沒有特別管「自己的籠」，都是看遛狗表，從時間最久沒遛到的開始遛。）

志工的標準做法是先把牽繩擱到柵欄上，把門打開到剛剛好讓自己的身體進去後就迅速關上，把狗一隻隻套上牽繩，全部拉在手上再把門打開。今天的運動公園，只有琪琪一人在用。有些籠有六隻狗，她分兩次牽。一次四隻，一次兩隻。

　　有些狗在拉出來的路上就大了，要用撿便袋撿，這裡的垃圾桶裡都是大便。有些狗自在地在運動公園的柏油地上拉屎，她要去掃、沖乾淨。讓狗自由活動的時候，她就坐在樹蔭下。今天沒有要洗狗，比較輕鬆。

　　放風的時候，大部分狗興奮地跑來跑去，有些會跳上去吃樹葉，咬咬零星的幾株草。除了洗澡，一般就摸摸狗，或者梳毛。

　　有一隻很膽怯的狗每次都坐在一角。原來這隻狗就是填補被領養掉的狗才進來的。一開始連拉都很困難，後來志工發現只要跟別的狗一起就可以，不能獨拉牠一隻。這隻狗叫蝴蝶，耳朵朝下，毛有點長，全黑的。在陽光下看，每一隻都很美。

放風時，新來的狗獨自坐在角落，
不敢去走動。

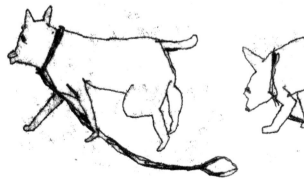

今生好好愛動物

今生好好愛動物

每一籠狗大約有二十分鐘的放風時間，接著就要被牽回去，換下一籠。

「牠們會很不想回去嗎？」

「好像也不會，就是出來的時候很想出來，回去的時候又急著回去。」

不過，琪琪會在狗回去前，在牠們的碗裡分好雞肉，但就是只有「她的籠」。有時有位會帶很多牛肉、雞肉來的志工，說她弟弟開牛肉麵店，會分肉給其他志工。我看他們用所內到處都摳得到的撿便袋來分裝肉（撿便袋像超市的生鮮袋一卷，志工都會隨手撕幾個下來放在圍兜裡備用）。

為什麼不同時拉幾籠的狗出來，讓牠們放風的時間可以更長一點呢？

一是有時不同籠的狗會打架；二是執行上的方便，尤其是要把狗帶回去時，除了要辨識出同籠的狗，進出鐵柵門時也會有別的狗想伺機出去，會大亂。所以一個人的話，通常就是一籠一籠地遛，或者是知道這幾籠狗裡沒有好鬥的狗才可以同時放風。

那些狗最認識的人類可能就是琪琪。一隻很熱情的狗跳上來，咬掉了她的口罩，我一方面覺得很好笑，可又笑不出來，只說，這隻壞狗……

她說，牠不是壞，是對我比較熱情。的確，撲人是熱情的表示。

「虎妹被領養過。一天就被退。咬主人，咬獸醫。」

「可牠在這裡不會啊。牠還過來靠近我。」

「認人吧。」

「認你？」

「不知道……」

虎妹是虎斑花狗，圓圓滾滾，真的很可愛。

被退的機率真的不是普通地高。放棄、退回來太簡單了。

整個天龍的退貨都在這裡，只有志工們在拚命支撐。

「這隻叫多寶，她的小孩都被領養走了。」（多寶是一隻中型全黑狗。）

「這隻叫來來，是在收容所長大的。」琪琪把水注入幾個水桶，「有些狗喜歡玩水。」

這籠只有來來玩水，兩隻手放在水裡撥來撥去很可愛。

叫她「來來，來來！」，不過來來沒有過來，自己在玩，「有些狗不知道自己的名字。」

可想而知，因為很少有人叫牠。

琪琪來了兩年，兩年來，這些狗都在這裡。

兩年來，她照顧的狗，只有兩隻被領養，一隻是志工領養後送去國外。「另一隻被領養的也是黑狗，因為牠的耳朵一上一下，領養人說很像他以前的狗。」被領養和被棄養的理由都有千百種，我還聽過有人要黃狗，因為他姓黃。

有好幾隻黑狗，都長得好大、好大隻，錯過被領養的黃金期。現在都長得黑油油亮亮的，可是全黑的真的太多了，七百多隻裡可能有一半都是黑狗。黃狗、白狗、咖啡色狗就會顯得很引人注目。

　　我在遛狗區蹲下來，就會有一些狗過來聞我、靠近我，還有一隻把手放到我身上。一大堆狗在眼前晃來晃去，人一下子就走神了。好像在世界的盡頭，只剩下你一個人守護這些狗。整個天龍市就剩這位志工在當狗田捕手，不要讓牠們從懸崖上掉下去。

　　看著那些狗走過來跳過去，人就沒辦法專注地想，就叫放空了。好像可以在那裡坐很久，然後在一點點僅有的樹蔭下睡著。不過沒辦法，時間有限，志工又要把狗拉回去，換一批出來，如此來來回回，直到全身水份流盡，疲憊不堪地離開。

　　看她拉狗離開放風區時，說：
　　「回家了。」
　　「吃肉肉了！」
　　她能給狗最大的溫柔，就是在狗回到牢裡時，每隻狗的碗裡都有一點雞肉。聽到她用「回家」這個字，我不禁有點感傷。

道格，7年志工

如果牠們都被領養了，
我就不會來了！

加拿大人道格固定週五、六兩天會來遛狗。

「你住哪裡？」

「北投。」

「！」

「來一趟要一小時十五分鐘。去回就三小時了呀！」

平日的遛狗場志工本來就不多，其中有一張外國人的臉孔。

「全部人都知道你，因為你是外國人！」有志工這樣和他說。我也是因為瞥見一張外國臉而感到好奇。

道格（Douglas Munden）是加拿大人，來台灣已經二十年。志工年資五年以上的人真的不多，他有七年了。

我以為他肯定會中文，否則怎麼過得了一連串的志工培訓課？沒想到他是那種雖然在台灣很久，卻聽跟說都不行的老外（原來，七年前他是前女友帶他一起來的）。

他每週會來這裡兩次，每次待半天。一天遛三籠狗，也就是分給一籠的時間是一小時（其他志工可能一小時就遛至少一倍以上的狗。他的狗是相對好命的）。

他會把一籠狗全部先牽到狗場，讓牠們活動活動後，再一隻、兩隻單獨牽去走，帶牠們走到有草的地方。這樣的狗也算是好命的，能被單獨牽出去的狗非常少。

今生好好愛動物

「我的狗喜歡在草地打滾、或吃草。」

「我有一些狗在這裡五、六年了。」

「疫情三級的時候，超過兩個禮拜都沒辦法來，我很想念我的狗。」

道格一直用「我的狗」來稱呼。我還沒聽過別的志工用「我的狗」、「我的貓」在稱呼。他的狗幾乎都是黑狗（或者說收容所大部分的狗都是黑狗，他的狗是個縮影），幾乎沒有被領養。

他也知道自己不應該「只遛他的狗」，應該一視同仁。

「這裡的狗，不是被領養，就是死在這裡。」志工最重要的是「服務」這些狗。不過，他無法抑制對狗的感情，七年的時間很長，這當中志工遛狗的模式從分配專屬籠，到後來不分籠，從最久沒被遛到的開始遛。可他已經習慣遛他固定的那幾籠，那二、三十隻狗。

熟的志工都知道，道格的愛狗是一隻黑色土狗。

「我最愛的狗Jimmy在這裡已經六年了！」

（六年的狗在那裡已經是最老的級別。很現實，土狗、黑狗很難出去。先前有一批非法繁殖的長毛狗共十九隻，被沒入後很快就被領養光。）

他還珍藏六年前和Jimmy的合照，照片中的Jimmy毛皮有光澤，模樣可愛又青澀。不過現在我在狗運動區看見Jimmy，已經變得很普通（截止二○二三年六月，七年了，Jimmy仍無人問津，是一隻從小在收容所長大，沒有機會去外面世界的狗）。

*

他說了兩次：「如果牠們都被領養，我就不會再來了。」

我很想告訴他，不可能的，你永遠都離不開這裡。

兩次看到他的幾隻「愛狗」，我都想，天啊，一點特色也沒有，不可能被領養。這裡有七百隻狗，怎麼可能輪得到？另一隻和Jimmy一樣是黑的，小時候有被領養過。黑狗只有小時候、油亮亮的時候有機會。

七年來，他已經被這幾隻狗牢牢綁住，沒辦法不來。因為那些狗看到他就很開心、超級開心，吐舌頭散氣的樣子都像在笑。

因為「他的狗」被領養的不多，每一隻他都記得很清楚。

有一隻狗叫Claw（爪子）。

爪子一開始在獨籠，皮膚狀態很糟，已經住五年了。

爪子住在上層籠。要把上層的狗抱下來很不容易，加上牠非常恐懼，要帶出來幾乎不可能。恐懼的表現有可能是亂攻擊。

　　　　　　　　　　　　　　　　　　　　今生好好愛動物

因為牠的爪子沒剪，有次在弄牠出來的時候手被嚴重抓傷。那次爪子的頭也被弄出一個傷。最終在他不懈的努力下，爪子習慣了被牽出來，也被移到一般犬舍了。

他為牠流了不少血、汗、淚。

有一次，一對母女來，要找最可憐、最慘的狗，她們看到了爪子。

要去櫃檯領養時遭拒，工作人員試著想拉牠出來，可沒辦法。

還好有志工知道道格和爪子熟，馬上找道格來，只有他有辦法把爪子拉出來。那位志工也說服櫃檯讓爪子有機會被領養。

幾個月後，她們又來領養第二隻！道格介紹了爪子的朋友。

後來，在天龍某處巧遇這兩隻狗！被主人牽著，不過，牠們好像忘記了道格，可能是因為有了新主人吧！也可能是不想有收容所的記憶吧，道格說。

「可能因為爪子被領養了，很快就有隻新狗來到我這籠。」

「牠和爪子很像，也是很害怕，幾乎帶不出籠子，可我也慢慢帶牠出來幾個月了。」

「有次我放牠到後面的狗運動區，不知道哪裡破了洞，牠逃走了。我們在外面找了一個多小時，沒找到，只好希望牠肚子餓會回來。」

「那天傍晚，牠被摩托車撞死了，在附近。」

「我難過到幾乎要離開收容所，再也不來了。他們安慰我，我就又留到了現在。」

　　　　　　　　　　　　　　　　　　　　　　　今生好好愛動物

　　道格告訴我的這件事情太令人難過。我問組長溫蒂，還有其他逃走的狗嗎？

　　「有，不時就會有，志工帶出來時不小心就掙脫的狗，工作人員帶也會。」

　　「如果是親人的狗，跑一跑會自己回來，沒東西吃了也會自己回來；很不親人、害怕的狗就會亂跑，很可能就會被車撞。曾有一隻被車撞到後沒有很嚴重，繼續跑，志工跟著牠，最後狗跳河，生死不明，沒有找到。」（收容所後面是基隆河。）

　　「也有一些會在外面的山上徘徊，有些會跑去卓媽媽狗園（在收容所後方），卓媽媽會給牠們吃的。」

「另外一個是白米的故事，因為牠是白色的。」

「其實之前在我家附近就看到牠。牠和另一隻老地頭狗一起。白米很年輕，所以我想馴服牠，說不定可以有機會被人養。我用雞頭、雞脖子給牠們兩隻吃。可是，牠就是一隻野狗。」

「幾個月後，我發現牠們兩隻都被抓進去了。牠們在裡面差不多兩年，在不同的籠子。老的先逃走，隔一週，白米也逃走，某個禮拜五。那天我沒去，我是隔天週六去的，找不到白米，一問才知道訓練師帶牠出去時牠意外掙脫了。」

「我去收容所後面那塊地找，結果就看到牠。」

「我有帶食物去給牠，可牠沒讓我碰牠。」

「我餵了牠最後一餐，看著牠離開，牠好像是來和我告別的。」

「後來，有人見到牠在幾公里外的停車場。」

「我希望牠現在還活著，不過，這也是好幾年前的事情了。」

「有些狗永遠無法被領養，牠們在外面更愉快！」

「六年前，還有一件發生在收容所、最傷心的事。和狗無關，是一隻鳥。」

「一隻老鸚鵡，在一個禮拜六中午被帶進來。我們平常會在那裡看看被捉進來的動物（點交室後來禁止志工進入）。那隻鸚鵡在一個小小的、堆滿垃圾的骯髒鳥籠裡。」

「等我遛完、弄完那天的狗，回去看時，牠已經死了。」

「誰、什麼樣的人會養了鳥又完全忘了牠？我在心裡狂問。」

「政府是不是應該對有寵物的人做些要求。因為有些人根本沒有能力養？」

（道格有養過鳥，因此對鳥特別留意。）

「你沒拍照嗎？要拍照存證，然後爆給媒體。」

（我故作誇張地提議，後來所內明文規定：對收容所拍照及攝影應經單位同意，始得公開於網站或媒體。對因服務而取得或獲知的訊息，保守祕密。）

「另一位志工有拍，聽說後來鳥類就被移到樓上了。」

（樓上指的是動物救援隊，目前除了貓狗二類外的生物是放在動保處。）

「你去過加拿大的收容所嗎？」

「有！非常乾淨！只有七隻狗。幾乎每個小時都有人進去和狗互動，還放古典樂給狗聽。一隻狗住一個隔間，大小就和這裡的隔間差不多，有床、有玩具，比我自己住的公寓還好。」

當時夏天，我坐在酷熱的遛狗場樹蔭下，身後就是擠了一千隻貓狗的天龍市動物之家。想到在遙遠的國度那乾淨明亮還放音樂的收容所，乍聽見「七隻」與「一千隻」狗的差異，我一下子一句話都說不出來。

「為什麼加拿大那麼少狗？」

「可能加拿大的房子比較大，人們比較容易養狗。」

後來我告訴其他志工，加拿大收容所「只有七隻狗」，他們就說：「一定是有安樂死。」

道格查給我看——真的沒有因為數量管控的安樂死。我對「只有七隻狗」還是太難以置信，上網搜了一下加拿大的收容所貼出來等待領養的狗，果然不超過十隻。照片品質和這裡的天差地遠。後來我想起很多年前，有位來台灣教英文的加拿大人，從台灣帶了一隻「小黑」回去，還有一個慈善團體協助代辦。

志工A插話：「牠們生錯地方了，下次要生在歐洲。」

「台灣人把狗當成牲畜。牲畜！你知道什麼叫牲畜嗎！」

志工A：「外國人把狗當小天使，這是文化問題。」

「台灣人把狗當成牲畜？」

我沒想過這事。台灣人？和我說話的是外省人，剛巧當時另一位志工也是外省人。

後來我問道格：「外國人把狗當小天使？」

「我會說是把狗視為家人。」

　　道格是不會說中文的老外。可久了之後，志工們也都和他說簡單的英文，像是：「Can you help ？」

　　他會幫其他志工拉狗、收狗，因為他一天只遛三籠，時間看起來很鬆，幫頭幫尾他也覺得很有幹勁。志工通常固定時間出現，彼此也有了默契。

　　「虎斑狗的英文叫什麼？」

　　他一下想不起來，搜了「tiger skin dog」，老虎皮狗，給我看叫「brindle」。

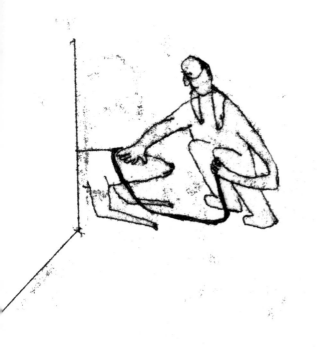

來的時候，他會準備一整套的衣服「換裝」。大部分的志工來遛狗都穿運動休閒裝，舊的，畢竟不可能穿新衣來這裡搞髒吧！他們會多穿一件夾克，夏天防曬，更重要的是防止被狗的爪子抓傷。因為狗的爪子沒剪，狗看到志工一進去就前撲後繼，狗爪撲上來的力道，人的手臂馬上就會見血。就算是小傷，也總要保護好自己。

長長的夏天，不一會兒所有志工都像跑完百米一樣。一週見面一次，熱情的狗簡直欲罷不能，他一進去就被包圍，要花一陣子才有辦法逐一為牠們上牽繩。

那天，我看到他留了一隻狗在裡面。

「噢，那隻是新來的，還很害怕。」

把全部舊狗先拉到狗運動區後，他再回來，低下身體，慢慢把那隻狗拉出來。那隻狗幾乎貼在地面上，不過出來後竟也很快就適應了。能搞定害怕的狗，真的是這些愛狗又資深志工的功力。

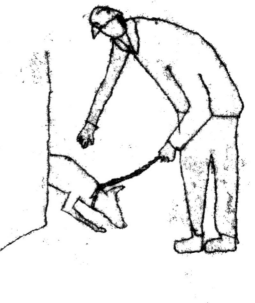

今生好好愛動物

後來才知道，這隻狗是小狗的時候被領養，最近又被退回來，說是會吠。

這新狗腿很長，臉很長，全身黑亮亮的，是女生，叫「進財」。

進財未來的命運會如何？還會被領養？還是在這裡過一輩子？

那天，我聽到很多次「退養」這個字，幾乎每一籠狗，每五隻就有一隻被退過。

「還有一隻叫左左，還年輕時我就注意到牠的腿關節有問題，所內的醫療似乎不會處理到這塊。後來我託其他志工協調，左左被送到外面就醫動手術，醫療費好像要兩萬！但我好開心！」

後來我看到了那隻叫 Zozo 還是 Rourou 的狗，嗯……又是他的「愛狗」……沒特色。他所有的愛狗，下次見到我一隻也認不出。牠也被領養過，被退回來。

「為什麼？」

「你看，像這樣靠近牠的脖子要上牽繩時，牠會反應過大，可能是咬人吧。」

「可現在好了。」（But now is ok!）

身為少數至今還倖存的、經歷安樂死撲殺階段的志工，有感受到收容所有什麼變化嗎？

「以前一個隔間只有一到兩隻狗，現在有四到八隻。」

我問他，他認識的狗有沒有被安樂死的？

「沒有。」

不過，我可以想像，如果是「他的狗」在沒有通知他的情形下突然被安樂死，他會有多難過。

「還有志工的限制變多了。」

成為志工的過程確實不友善，對不諳中文的外國人、在沒有個別朋友的協助下，幾乎根本無法，連報名介面都是全中文的，還要上線上與實體課。

「我不會管收容所，也不會管那些人的事，我只愛狗。」

從他看狗的眼神，就知道他愛狗。他說他從出生到長大家裡一直都有狗。

不知道是不是文化差異，對於「幫助採訪」這件事他是樂意且主動的。在我接觸的收容所工作人員中，有一半以上不接受採訪。可能覺得沒有必要、浪費時間。

道格是唯一一位主動說，如果還有別的問題想問，可以加我的Line。

後來，他用文字告訴我這些。

Another story is about myself. Not necessarily a story, a feeling. The reason I really identify with the stray dogs is because I am kind of homeless, too. I've never felt like Taiwan is home. I have no family here. I'm always an outsider here, an inconvenience. Taiwanese people are superficially friendly, but I only feel I have a deep connection with a select few people here. But I feel a strong connection to these dogs at the shelter.

At the same time, I don't want to return to Canada to live. Canada seems really awful now. Lost, with no leadership.

So I'm kind of trapped between countries and cultures, in no man's land.

說說我自己。不是故事，是一些感受。我喜歡流浪狗真正是因為，我也算是無家的人，和牠們一樣。我從來不覺得台灣是家。我在這裡沒有家人，常覺得自己是局外人。

台灣人表面都很友善，可我只和很少的人有較深的接觸。

所以，我覺得自己和收容所的狗有很強的聯繫。

我常覺得，我不愛台灣。天龍人多，有點厭。台灣有些方面很好，台灣人常會讓白人老外留下好印象。可我現在也不想回去加拿大。加拿大現在很爛，沒有好的領導、迷失了。

我像被困在兩個國家及文化之間，在一塊無人的地上。

他反問我，為什麼要做收容所的書寫？

我不假思索地答，因為這裡是台灣最黑暗的地方。

過了很久他才回我：

場所本身很殘酷，可我不覺得黑暗。狗非常有韌性，看到人還是很開心。

後來我想，從人類的角度看，這是一個悲慘的場所。可是反過來，裡頭的狗竟然可以安慰人類，狗見到熟悉的身影還是很開心！

小慧，志工11年以上

牠們是被抓去哪裡？

「一開始，我家對面有一家餐廳，有幾隻貓在外面，有一天我就看到牠們被抓走了，於是想，牠們被抓去哪裡了？後來就問到收容所。他們說，七天沒有人領養就會被安樂死。那時我也沒有馬上懂，也沒有把牠們救出來……是後來慢慢累積了經驗，看了很多生死……」

「很多很多事都是這樣過來的。」

「你當志工多久了？」

「我沒有去算耶。」

（和其他人不一樣，我問過的人，都很清楚知道自己是什麼時候進來的。

但我知道她是我接觸過最久的志工了。

因為也沒有志工會在下午四點後還自己一個人在所內摸那麼久。現在的志工也沒有在做像她做的事。隨著限制變多，現在只能拍貓咪的影片、和貓很有限度的親訓而已。）

請支持流浪貓TNR計畫

貓有抓完的一天嗎?真的是抓多少算多少嗎?
許多人認為，只要把貓抓起來，
就可以解決跳蚤、貓叫春吵鬧、環境汙染的問題……!

其實這是錯誤的觀念!

當某地區真空一段時間後，
老鼠、蟑螂會快速滋長，沒多久……

小慧白天要上班回去還要顧五十隻貓，都是從收容所中途的，因為沒送出去就這樣養下來。每週六、日，下午三點多，她還會出現在收容所。從下午一個人摸到晚上七、八點。

　　一個人顧五十隻貓？！六、日還要去收容所？！

　　想到這裡就很不可思議。我自己顧三貓一狗都要花掉一小時了，何況是鏟五十隻貓的貓砂，餵食……一整天都休息不得，而且，她沒有幫手。

　　我聽聞這件事很久了，本想採訪她，可她實在太忙。終於，在半年後的一個週六下午，我在收容所和她碰了面。

她拿一個桶子在拌飼料。

「這是收容所原本的飼料，你聞聞看，沒有味道；這是我們募的飼料，你聞聞看，很香，還有這包是五穀的。」

（她共混了三種飼料。和溫蒂一樣，她也是一位要自己募飼料和罐頭的志工，長期真的非常不容易，我後來自己也募過。）

還有幾罐捐的罐頭，有紅肉、白肉，「一定要混到很勻」，每一顆飼料都混到罐頭。看起來真的很好吃。因為力氣有限，拌勻需要力氣、拿桶子去餵也要力氣，所以她一次只弄半桶。

接著她就拿去餵後貓舍。清潔林先生已經幫她把碗擺好在籠子上面或外面。

「他會看貓卡，幾隻貓就幾個碗。」

用手掂量後放一撮在碗內，「有藥的話，要捏揉進去，放到那隻貓面前，不是像他們那樣撒在上面。」（我也親眼見過工作人員餵藥竟然是撒在上面了事，貓會吃才怪。）

「之前，有兩位志工會幫我做這個（拌飼料加餵食），後來他們結婚了，就沒來了。」

半桶飼料很快就沒了，接著我說給我拌吧。我戴上手扒雞手套，仔細地拌勻，弄完後把手拉出來一看，手套破了都沒感覺。

接著我試著餵。第一輪大部分的貓很快就吃完了。吃完的我們巡第二輪時會再給一點。

第一次做，我的動作比較慢，但也很順利地放飯完畢。

那時她在後面病房純餵罐頭，幾個不同口味的罐頭拌在一個臉盆裡。

「你看這是他們餵的。」（只有純乾飼料。）病貓通常都不太碰，還剩很多。

她加進去罐頭，就被吃光了。

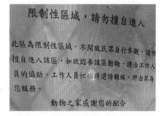

今生好好愛動物

因為病房是管制區，我不能進去，只能站在外面看。

她說，她的手套是沒有碰到牠們的碗的，就是輕輕丟進去。

我問她，不怕把病毒帶回去給她的貓嗎？

不會。貓瘟才會。現在沒有，有的話會在隔離區。

　　那天，我五點左右離開收容所，小慧還在病房，整個後貓舍沒有其他人，工作人員都走光了，冬季天色已暗，那地方方圓百里沒人。小慧沒有自己的交通工具，聽溫蒂說，她常會把很需要個別照顧的貓帶回去，等下還要去巡一次正常貓籠。聽說她也很想不來了，可還是不放心。

　　（小慧是我訪問到的最後一位志工，當時所內認為我的案子「已結案」，不能再隨意進入禁區或拍照。因此她進病房時我就沒有進去了。）

小偉，志工13年

如果你可以把牠先帶出去，
就可以改變這隻貓的命運

「我本來沒有、完全沒有養貓的經驗。」

「我朋友有一隻貓，她要搬家，家裡有長輩，怕被貓絆到摔倒，就說給我養好嗎？」

「她說，養貓很簡單，只需要貓砂盆、飼料、水，牠就可以自己過得很好。」

「第一天我就沒看到那隻貓，也不知道牠有沒有尿尿大便，我朋友說，像挖寶藏那樣去挖貓砂盆。」

「後來，我覺得那隻貓好像哪裡怪怪的，帶去給醫生看，才發現原來牠是失明的，我朋友也一直不知道牠是失明的。」

「我家附近有一位中途愛媽，我想說可以問她，她說收容所很需要志工，你去那裡。」

「那時也沒有什麼管道，我就人去了那裡直接問。」

「當時的志工督導是一位獸醫，他說，你要知道，我們這邊有安樂死，七天沒被領養就會被安樂，你可以接受嗎？」

「我說，好，我先看看。」

「以前收容所不准我們開籠、餵食、鏟貓砂（會傳染），所以我們去了也不能幹嘛，只能看……」

小偉在二〇〇九年加入收容所志工，至今十三年。

「後來在收容所遇到一位叫小慧（上文）的志工，她說，你家裡可以放貓嗎？如果你可以把牠先帶出去，就可以改變這隻貓的命運。」

「我第一年就帶十三隻貓出去。當時看到很多很棘手的情況，特別是奶貓，一拉肚子就會脫水。那位愛媽教我很多。她是一個香港人，她女兒從小就幫媽媽照顧貓，很有經驗。」

「後來一年變三十隻，賺的錢就會全部花在貓身上。那時領養一隻要六百塊，帶去獸醫院結紮也要錢。」

「那位愛媽跟我說，會到收容所的貓已經是末端了，我們要在第一線就阻止這件事。」

「她就跟我說，要做TNR。我就開始在自己的社區裡抓貓。」

「現在有三、四十隻，已經TNR（Trap誘捕，Neuter絕育，Return放回原地）的。」

「什麼？三、四十隻？」

「以前有六、七十隻。很難想像吧。」

「現在我每年都會抓一百隻左右，有時會跨區抓，像我們去萬華就抓了三百多隻。」

「什麼？！有那麼好抓嗎？」

「跨區比較難，因為要找車子載，也很花時間。」

「怎麼可能那麼好抓？」

「像我這一區，首先我先加入巡邏隊，一個禮拜去一次，就會看到貓在哪裡出沒，有沒有剪耳朵。然後那些老人也知道我在幹嘛，就會幫我看，跟我講。」

「結完紮就R回去。我們會看天氣，天氣變化很大的時候就不會抓。」

「因為貓R回去可能會免疫力下降，如果加上變冷、颱風什麼的，就比較危險。」

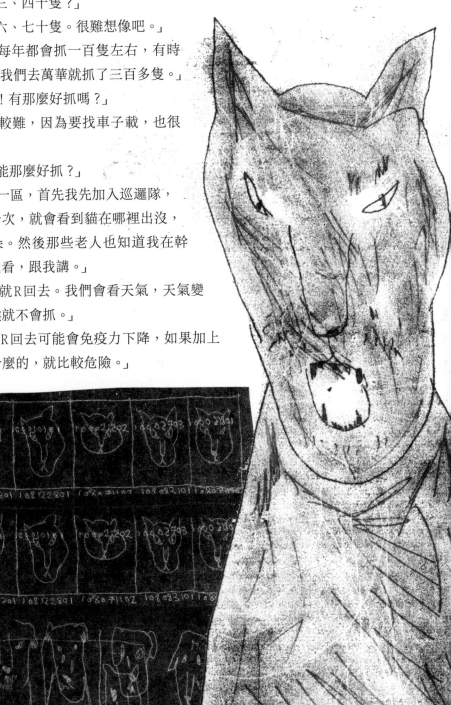

「後來遇到一位愛媽,她跟我說,你要做的就是當『車手』,把收容所的貓帶出來,放到醫院。」

「他們有成立一個協會,可以募款支持這些開銷。」

(本來是在「認養地圖」名下,後來他們說要從教育小朋友做起,不支持我們這一塊了。對我們,第一線的志工就會想,我們當然是繼續把貓救出收容所。想法有落差,就成立另一個協會了。)

「那時是都把貓結紮完放回去。有時他們地址亂寫,便宜行事。那時還是清潔隊在抓,要放回去時就看到那些貓懷了的樣子。因為時間不會很長,從牠們被抓到結紮完,不會超過一個月的時間。」

「這樣當時的安樂死很少?」

「對,我們和收容所一直保持良好的關係。安樂死率極低,染病那種才會安。」

「那現在呢?沒有放回去了?」

「對,現在不一樣。第一是那些愛媽也怕收容所的貓有病毒,拒放回去。也有人說在外面會被車撞,很危險;說如果在收容所,生病你們也會帶去看醫生啊。」

「現在的貓是那些討厭貓的人抓的。他們打去救援隊,救援隊就會把貓籠拿去他家,等抓到貓了,再去帶回來。」

「什麼?服務那麼好?把籠子載去?」

「對啊。」

「收容所就是為了民眾存在的。」

「我們有些志工會去掃貓大便。有些貓就是會去翻花盆大便啊。像我那區的里長很好，有人投訴，他就會說，大便在哪裡？我去掃。」

「只要他們不討厭，就不會送去收容所。」

「這些貓本來就在這裡的啊。」

「現在是XCCP。要放回去的話，就要有人照顧、餵食、除蚤。」

「XCCP為X（X市）、Cat（街貓）、Care（友善照護）、Programme（行動方案）的縮寫。」

「你名下領養幾隻貓？」

「三、四百隻吧。」

「真的每次都要簽那一大堆文件嗎？」

「後來因為太多了，他們就用複印的。」

「會有壓力嗎？」

「不會耶。以前的貓沒有一定要置晶片，也有很多貓是被領養了，但晶片名字沒有轉移，因為太多了。」

「現在是一年中途五十幾隻，放在愛貓協會（她後來成立愛貓協會），把收容所的奶貓、急需救助的貓帶到那裡。」那裡的志工並非收容所志工（只有她是），是另一批人。

「大部分是喜歡貓、但家裡不能養貓的人會來這裡幫忙。早上沒有人，晚上才有志工會來清理打掃。」

「每週六下午固定會有開放的領養會。」

「中途最大的問題是牠們大得很快。你後面那隻貓，也是從奶貓奶大的。很快就一年，變成成貓了。」

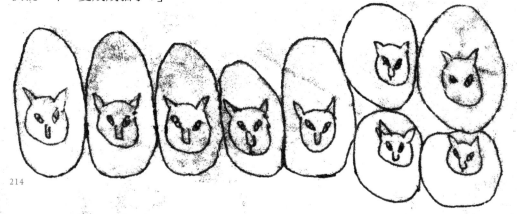

「領養也是一樣很多問題。有的貓太親人被退。他說貓不是不親人的嗎？一坐下就靠過去也有人無法接受。」

「像你後面那隻（牠在玩乒乓球）很活潑，會跳到人頭上。」

「是因為和你熟吧？」

「不是，誰都可以。」

「像這隻琵琶，在這裡最久。會亂尿尿的就是牠，牠小時候尿道被吸，後來就尿道異常。這種可能動不動就要看醫生，就是一筆醫療費，所以，牠雖然很美，但很難出去。」

「也有一緊張就噴屎、噴尿的貓。」

「你現在家裡有幾隻貓呢？」

「我到現在只有過一隻。」

「一隻？就是第一隻失明的？」

「對。」

「其他都是終途的。像腎衰的、癌症的，就一、兩隻而已，養在我房間。」

「這樣會有感情嗎？」

「其實還好，有些貓就是會和你比較好，有些不會。特別是照顧者不見得會獲得貓貓的喜愛，因為你要灌食啊、打皮下啊什麼的。」

「但是牠們可以睡到床上啊。」

我告訴她，我只抓過一隻貓，用誘捕籠，但不會再用了。

那是我此生最遺憾的一次經歷，總之那隻貓死了。

說完，她和我說了兩個真實故事：

「有志工照顧奶貓，放了很多暖暖包。」

「結果太熱，貓沒地方躲，牠最後是這樣直立在籠子角落走的。」

「那位志工就沒辦法再做下去了。」

「我告訴我自己，
是不是不要那麼勉強？」

今生好好愛動物

「我自己，有次，很多年前在外面抓貓，看到一個男生好像貓會親近他，就問：這隻貓是不是你在餵？他說不是，就走掉了。其實我的本意只是，如果是你在餵，你就可以幫我抓這隻貓，這樣比較好。」

　　「結果那個男生走掉，那隻貓也跟上去，當場就在我面前被車撞了，頭被車輪輾過去，慘叫一聲，最後跳到那男生身上死了。」

　　「可是，那男生沒有把牠帶走。」

　　「我就把貓帶回去，處理後事。」

　　「我告訴我自己，如果不是我要抓貓，是不是牠就不會死？當時有太多巧合了。」

　　「我告訴我自己，是不是不要那麼勉強？」

　　聽她講這兩個經歷，深刻得跟什麼一樣。我完全可以了解那種痛苦。雖然大家的出發點都是好的，可是那個陰影太重了，就算做了再多心理建設，都沒有辦法再做。

最後她說：「所以說——願要大，志要堅。」（靜思語）

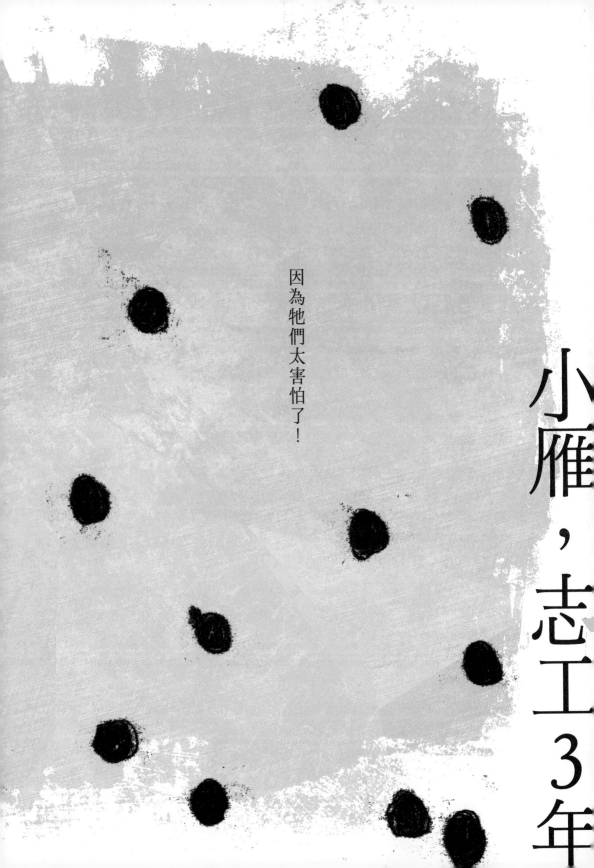

因為牠們太害怕了！

小雁，志工3年

小雁是「貓行為治療師」。所內有一位正職的狗訓練師，卻沒有貓訓練師的職位。

她進來後，因為對貓很專業，也開始帶志工做貓親訓、給志工上課。

透過和她聊天，馬上就能感受到原來有人比我還愛貓。對，你以為自己已經很愛貓了，志工裡絕對人外有人。

小雁家裡就有八隻貓，她還有一檔Podcast《聊寵物》。

除了在天龍，她也在另一家收容所當志工，是很少數兩邊跑的人。不過，去兩邊就可以比較，她常說，這裡的貓真的太多！天龍有兩百至三百隻，另一家不到一百隻。有次巧遇一位別家收容所的志工來天收參觀，結論也是：太多了！太多了！

為什麼天龍的貓會那麼多呢？

因為抓貓的人多，又沒法R回去，很多剪耳的還是進來……

這就是差別。

「這隻，咬我的手咬了四十個洞，我送急診。」

「這隻，就是咬我咬到蜂窩性織炎的。牠除了我跟我先生外，不讓別人摸。也因為牠，我去念貓行為學。」

「現在這兩隻黏我黏到爆表……」

她幾乎每週有一天約兩到三小時，會去內收做「親訓」，常常也配合有人預約想看哪隻貓的時間。

那天，她和一位「潛力領養人」約好了。

因為只有志工可以開籠，所以必須在志工的陪同下才可以和貓互動，平常是沒有的，大部分民眾都是自己看、自己領養。那天來的潛力領養人大約三十出頭，北漂，看中一隻叫白光的貓。

白光是很害羞的那種貓。小雁用指揮棒放肉泥伸進去，再慢慢縮短棒子，最後用手餵，順便摸摸牠。

那天連那位民眾最後都可以摸到白光了。

她沒有當天要領養，聽說是第二次來看。我再一次去的時候白光就被領走了，又再一次去時白光被退回了，說是因為「不吃」。

這種情形不少，後來連我自己也遇到了，還是比白光更難搞的。我硬撐下去，沒有退回，後來牠也是吃了。當時我也超級擔心，想說死在自己手上可不行啊，每天和小雁求救，到第五天時她說：「不行了，帶去看醫生！怕是肝病。」結果燒了血檢錢，還叫我買貴鬆鬆的營養粉。

我被醫生教訓，說沒吃的話牠的肝臟會受損。我回去馬上把牠抓起來灌食。

結果小雁說，牠沒事就不要灌食，貓最討厭被灌，這樣會破壞你們的關係。

之後我沒有再灌牠了，也忘了轉折是什麼，牠自己就慢慢有吃了。

不過真的很燒錢。我試了一批罐頭、肉泥、飼料，至今仍沒找到牠會吃的罐頭或肉泥。後來偶然發現牠愛吃雞肉。天哪！在收容所只有吃沒味道的乾飼料的份。

「我們希望每位領養人都可以先和貓有這樣的互動。」

可是，我也先和巧巧互動過了，跟帶回家後似乎是兩碼事。那位領養人來看了兩次，也互動過了呀。

收容所的貓真的不是一般難搞。

那天還有兩位年輕女生畏畏縮縮在櫃檯的指引下去找小雁，原來是她們領了一隻回去，完全沒法互動，言下之意是想退。

less tears

more action

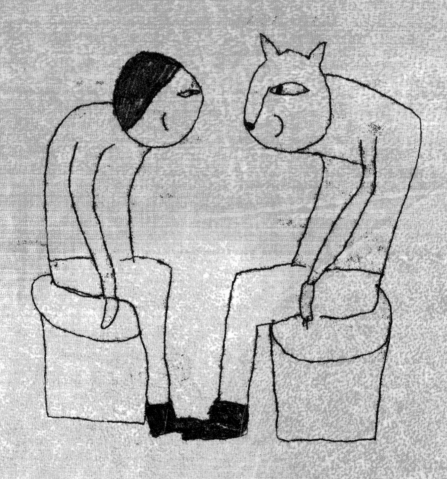

小雁細心聽她們說完貓目前的情形，示範和貓親訓的方式。至少那隻貓還會吃、會大。會吃會大的都想退回，人類真的很性急啊！貓這種生物，不論小貓、成貓，去到新家都有一段磨合期，真的不容易。不管別人和你怎麼說這很正常，你還是會非常懷疑，是不是牠不喜歡我家？是不是牠想回去收容所？我為什麼要養這種摸不到的貓？

　　民眾如果知道她的專業，會抓緊問問題。
「我有一隻養很久的貓，最近突然會在家裡亂尿尿，做記號那樣。」
「你家附近是不是有新的動物出現？浪貓？」
民眾默默點頭了。（她就像偵探一樣吧！）
「好像是有老鼠。」
「或是你的貓砂本來是沒味道的，突然用了有香味的？」
「牠以為有別的貓入侵牠地盤。」

　　我也趁機幫我鄰居問：
「她的貓為什麼半夜會叫？」
「牠去多久了？」
「三個月有了。」
「那應該不是害怕。剛來時叫是因為恐懼、不安，後來應該是無聊，想要玩。」
「也有可能是在模仿牠的主人。」
「呃？」
「牠的主人是不是很常講話？」
「喔……可能是，她是做房仲的……應該常講電話。」

　　沒有人找她問問題的時候，她會帶一個小角架，拍手摸貓的影片，上傳到臉書發領養文。有次我在收容所巧遇她，她在愛滋貓互動室。

「我這週六要帶兩隻貓去領養會。」
「才兩隻？」
「你不要以為很簡單，我們常常就是帶兩隻去又帶回來！」

「這次我想帶愛滋貓，讓更多人了解愛滋貓。」

「你一個人去？」
「對啊，他們問志工，只有我一個人可以。」
「你要怎麼帶去啊？」
「我自己有貓籠。我開車。」

「都沒有其他人要去？」
「有。其他是狗的。」

「派派，我帶你去領養會好不好？」
「要先和牠們講？」
「當然要啊。」

派派是一隻難得很大方的貓。我們在聊天時牠就很放鬆地躺在我們旁邊，像參與會議一樣。

領養會在建國南路花市附近的東森寵物雲，其實是一家寵物店的半戶外空間，現場有七、八隻從收容所帶出去照顧的幼犬。幼犬吸引了很多人，貓咪只有兩隻。

領養會通常一個月一次，週末兩天下午。小雁是週六下午去的。當天有位民眾有興趣，小雁請她再到收容所領養。週三我遇到小雁，她難掩興奮，那位民眾果然來領養了派派和貢丸！兩隻一起！這可是史無前例啊！

後來我訪問動管員時，她也提起了這事。她也特別關注愛滋貓，一次被領走兩隻，實在是太好了！

某個中午，我們在後貓區遇到看貓的母女檔。
當時冷氣壞掉，超級熱。
「你們想養怎樣的貓？」
「嗯……沒有特定耶……」
「之前 A11 有一隻。呃，不是這隻……」
「已經領出去了。這裡的貓進出很快，要領養的話動作要快。」

　　　　　　　　　　　今生好好愛動物

「要不要考慮愛滋貓？」
「呃⋯⋯」（小雁當然做了簡要的說明。）

「這間是愛滋貓房。」
「鯊魚、慢慢，都很親人。」

「這隻是芒果。」
「超級親人，不過有肝病。」

「這是瞎眼貓依琳。」

（民眾內心OS：就沒有正常的嗎？？？？？？？）

我很喜歡和小雁對話，因為她是簡直是貓的代言人。
──後面有一隻貓超兇的。
──很兇的貓是因為牠太害怕了。

──那隻新來的貓一直叫。
──趕快，看有沒有人要領養牠，牠太害怕了。

──牠們為什麼喜歡睡在貓砂盆？
──因為牠們太害怕了，喜歡那個形狀。

──那些靠在一起的貓是不是很要好？
──那其實是生存本能，不表示牠們很要好。一起領養後你就會發現，有空間了之後，牠們就會分開了。

──有些貓明明在這裡很親人，被領養回去後就變得好像沒有在所內時那麼親人，這是怎麼回事？
──有些貓特別聰明，在這裡會主動靠過來討好人類，那是生存本能，回去後貓就恢復自我了。

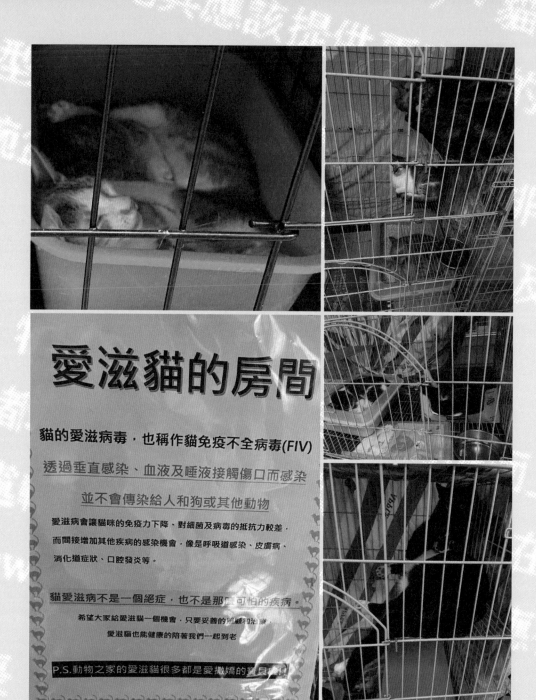

愛滋貓的房間

貓的愛滋病毒，也稱作貓免疫不全病毒(FIV)

透過垂直感染、血液及唾液接觸傷口而感染

並不會傳染給人和狗或其他動物

愛滋病會讓貓咪的免疫力下降，對細菌及病毒的抵抗力較差，而間接增加其他疾病的感染機會，像是呼吸道感染、皮膚病、消化道症狀、口腔發炎等。

貓愛滋病不是一個絕症，也不是那麼可怕的疾病。

希望大家給愛滋貓一個機會，只要妥善的照顧和治療愛滋貓也能健康的陪著我們一起到老

P.S.動物之家的愛滋貓很多都是愛撒嬌的寶貝喔

這是某工作人員製作的愛滋貓籠說明牌，使用「房間」(？) 二字，實際是一個不符合貓生理及心理需求的籠子，四隻貓擠在一起的「牢房」。再仔細看下去，「愛滋病會造成貓的免疫力下降，對細菌和病毒的抵抗力降低，而間接增加其他疾病的感染機會，像是呼吸道疾病、皮膚病、消化道症狀、口腔疾病等。」
這樣片面、無依無據、簡化的說明，完全是依「愛滋」二字的延伸之說，只有誤導民眾之嫌。（更多相關「愛滋貓」，請見 282 頁。）

……欄舍中的動物應該能看到外面的事物，但也要讓牠能夠有空間，可以避免和其他動物的眼神接觸。（Carlstead 1993; Overall 1997; Wells 1998）。

已有文獻建議犬貓所需空間的最低限度（CFA 2009; Griffin 2006; New Zealand 1993），這些建議人大多超越現今大部分收容所的設施。因為狗的體型差異懸殊，因此本文並沒有明確建議狗舍的大小，但仍必須符合上述有關身體及行為的需求。

對貓而言，貓砂盆、休憩區及餵食區等三個區域，彼此的間距不可小於 2 呎，否則會影響貓的食慾（圖一。Bourgeois，2004）。居住在 11 平方呎地面的貓，比在 5.3 平方呎的貓明顯地較不焦慮（Kessler 1999b）。貓迷協會建議每隻貓需要至少 30 立方呎的空間（CFA，2009），收容所尤其應該提供更寬敞的空間給居留時間較長的動物。

除了體型考量，欄舍位置的適當安排，也是維持動物健康與福利的關鍵。必須提供食物、水及排泄等碗盆，這些物品間的相對位置及休憩區、門等都會對動物健康造成重大影響（CACC, 1993）。

對貓而言，牠們喜歡在高起突出的檯面上行動或休憩，而在地板活動的時間較少，此時平面及垂直空間都很重要。有些犬隻則喜歡在較高的地面休憩，只要不影響到犬隻的行動，應盡可能提供一處較高的休憩區。休息區也應有軟墊，可提供舒適且預防因摩擦導致的瘡口（Crouse 1995; New Zealand 1998）。

留置的時間愈長（超過 1-2 週），愈需要提供動物們一個有益心理及生理發展的空間，此時必須要有傳統安置區的替代方案。對長期安置的動物，必須提供可以躲藏、玩耍、休息、進食及排泄的空間，對貓而言，則需有磨爪、攀爬及棲息的空間。對大多數的物種，尤其是長期安置的動物，能有隔離保護的室內外通道是較理想的設計，而室外空間必須能因應惡劣天氣、偷竊及防止逃脫或被獵食。

資料來源：Facility Design and Environment, Guidelines for Standards of Care in Animal Shelters. The Association of Shelter Veterinarians. 2010.

C，志工3年

那些設計者沒牽過狗！

C是志工中的遛狗王。每週會來兩到三天，一次拉六隻狗，一天下來可以遛十到十二籠，數量可以是其他人的一倍。

這樣的遛狗王，會不會有不想來的時候呢？

「幾乎不會不來，不會因為自己的事情影響到狗。」

「因為，你看狗出來就是很開心呀！」

C當志工三年。以前一週來三天，現在只有兩天了。

C是零安樂死後進來的，他回憶說：

「以前很隨機，少數有被照顧到。」

「有些狗是像一塊抹布那樣在那裡，沒出去過的。」

「這些年下來，志工對狗的照顧更有系統，更有管理。」

「盡可能讓狗都有一樣的待遇。」

「盡可能讓狗都有一樣的待遇」，這其實不容易做到。因為狗的數量實在太多了，加上早期志工是「認籠」，難以調整，你會發現有些志工去就是遛他認識的狗，後期才是看白板上誰沒被遛過再去遛。再來是有些狗不是一般志工牽得出去的獨籠狗，不一定是兇，有各種狀況。

今生好好愛動物

康狀況僅初步外觀評估，
再至動物醫院詳細檢查。

健康狀況僅初步外觀評估，
須再至動物醫院詳細檢查。

　　狗每天出去走一走，不光是運動，聞嗅帶來的刺激也很重要，是必需的日常。
　　收容所裡的狗，因為沒有每天散步，一個禮拜有一次已經不錯，有些難帶（會
咬人或怕出去），被帶出去的機率更少，也產生了很多後遺症。比如，老得很快、
後腿無力，或老年癡呆，各式各樣的病症都有，什麼焦慮症、神經症，當然外面
的狗也會有，不過，長住客都會有外表看不見的病。領養出去後，收容所特別做
了一個印章來切結。

健康狀況僅初步外觀評估，
須再至動物醫院詳細檢查。

健康狀況僅初步外觀評估，
須再至動物醫院詳細檢查。

健康狀況僅初步外觀評
須再至動物醫院詳細

如果你知道散步對狗的重要性，就會像志工那樣拚命去幫忙遛狗了。我從收容所保母的癌症狗，和另一位志工接力照顧了牠一年，原估活不過半年，現在一年了還在我家好好地活著。其他人會說，因為你照顧得很好。我也沒有特別做什麼，早晚遛牠一下而已，生病常常沒胃口，遛回來就把飼料吃光了。

　　「遛狗很辛苦，要體力，而且膝蓋很容易受傷。」
　　「再老一點就很難遛狗了。」
　　他五年下來的遛狗量可能是志工之冠吧。不過，從來也沒得到什麼表揚或回饋。
　　「因為愛狗。」他就簡單一句話，「沒有為什麼。有人怕狗、怕看牙醫、看到狗這樣嘴巴尖尖的就很怕、看到狗靠過來流口水就很怕……」

　　　　　　　　　　　　　　　　　　　　　　　　　　　　　今生好好愛動物

「目前收容所的空間很糟糕，兩邊的大舍犬完全沒
有隔間，一有動靜都是大影響。像有一個人進去，全部
狗都會知道，一開始餵食或牽狗，就有狗會開始躁動。
狗一開始吠，其他就跟著吠，完全不得安寧。」

「那些設計者沒牽過狗！牽狗出籠要走這麼遠，路
上有人，還有車。」

「牽過狗就知道了！」

志工使用的遛狗板。遛完寫上日期。接下來的人會從日期最久的籠開始遛。
犬舍 1、犬舍 2、幼犬室 (放的是成犬) 是民眾可參觀的區域。
其他尚有 P 區、美容室、惡犬室、狗點交室、貓點交室、兩間狗病房，
都混雜著生病或不生病，需要獨籠的狗。

單一犬舍外觀，放置 2 到 6 隻不等。

狗病房外觀。狹長型小房間，一邊置物，一邊上下層兩排鐵籠。地上還有放不下的狗打地鋪或置柵欄內。

病房的其中一個床位。

　「政府不會想做積極的改善，連人的死活都不管了，何況是動物的。他們不會做得更好，只要維持就差不多了。」

　「有沒有最有成就感的事呢？」

　「有一隻咬人、咬狗的狗，在獨籠區，三、四個志工用接力的方式遛牠，現在可以正常出籠了，也被移到正常犬舍了。」

　「就這樣？」

　「對啊，光是這樣就很不容易，要花很多時間跟心力。」

　「後來那隻狗有被領養嗎？」

　「沒有，牠還不適合被領養。」

　　　　　　　　　　　　　　　　　　今生好好愛動物

　　我後來慢慢體會到，每一隻狗要重新接觸人類、再進入人類家庭都是不容易的。光是要把一隻狗牽出來，我們以為不就是牽出來？可事實是：把籠門打開、上牽繩，這幾個動作都不是表面那麼容易，志工隨時都暴露在被咬的風險中。而且有些狗就是很恐懼，志工一次又一次接力才有慢慢改進。

　　之前有訓練師為了「績效」，拍狗害怕出籠的照片，再放狗可以順利出來散步的照片。其實那是志工的努力……這大概就是「工作」和「志工」的差別吧。志工做很多事，但不會去拍照宣揚，因為他們做的太多了，也根本沒有手拍照記錄吧。

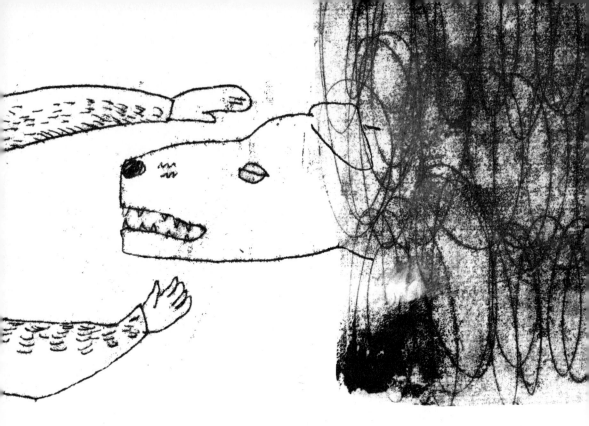

狗咬人的動機永遠都說不清楚。

比較主要的是恐懼，還有占地盤，告訴你「牠是老大」，或是「不可以碰到牠的東西」。

「熟的狗」也會被咬，因為你會大意，不熟的狗反而會非常注意。

二○二一年底，C被咬了，聽說現場流了很多血。

休息了一個月，有去住院。

傷口很深，聽說棉花棒可以插進去。

所內環境不好，細菌是很高強度的，吃抗生素都可能沒效，要直接打點滴。

那裡很多動物生病都要吃抗生素，有些獸醫會說先不要吃到抗生素，可是收容所的細菌太強了，很多都變成有抗藥性。

怎麼被咬的呢？

一隻叫龍捲風的狗咬另一隻叫芬達的狗，C速速進去犬舍要喝止龍捲風，結果龍捲風反過來「像咬玩具那樣」（據C自己的說法）咬了他的手臂，芬達沒事，C卻流血了。

今生好好愛動物

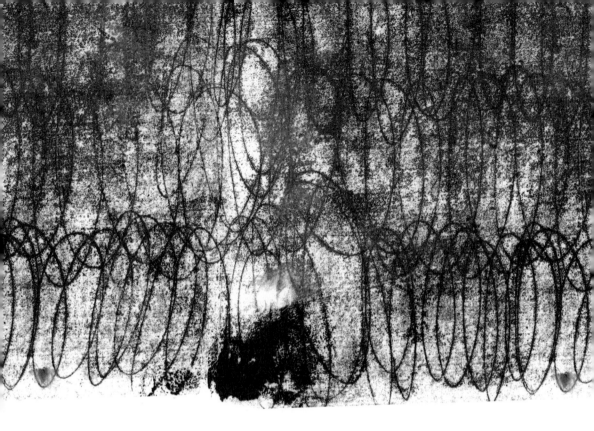

　　事發後，大家就通知先不遛這籠，觀察中。志工們也在群組裡發布這件事。沒想到有位志工沒看訊息，看到龍捲風很久沒人遛就去遛，結果沒有被咬，只是龍捲風反應很快溜出了門。犬舍有幾重門，不能馬上逃脫，醫助拿牽繩去套牠，套到了，也沒有被咬。

　　後來，我一樣週三看到C在遛狗。
　　你可能會想，他不會有陰影嗎？不會不來了嗎？一般工作人員被咬到住院都是不會再來的。
　　這大概又是「工作」和「志工」的差別吧。

　　我也問過溫蒂有沒有被咬過？她輕描淡寫地說，有啊，縫啊。也是繼續來啊。

志工室
VOLUNTEER ROOM

這樣我們不一直在牽狗嗎？

志工們

志工室小小的，像一個置物間，裡面坐的地方只有一個，冷氣還壞的，聽說壞很久了。兩、三個人在裡面就滿了。志工室的門口貼了一張公告：一是限志工「十點後才可以牽狗出去」，二是「一次只可以牽一隻狗」。

　　「一次只可以牽一隻狗」明顯是個笑話。一籠至少有四到八隻不等的狗，全部有七百多隻。

　　「以前收容所規定志工一次只能遛一隻，怕我們遛丟。」

　　「那這樣我們不一直在牽狗嗎？」

　　平日去的志工也不會超過五個，熟練又有力氣的一次就拉四隻、六隻的都有。這條規則很明顯被志工反彈，他們現在也都一次拉好幾隻。所內無可奈何。不過像是「十點後才可以牽狗出去」、「四點離開」，志工也只好遵守了。

　　有好幾位志工都提到「以前他們不准我們餵食」。現場看到志工在弄老狗的食物、給病狗加菜刺激食慾，就是讓狗「久久一次」能吃到一點新鮮食物。光聽我說，應該就知道如果禁止志工餵食，全部貓狗會有多可憐了吧。

　　志工一到要先掃手印、按號碼、輸入打卡，橘色的志工圍兜穿在身上，還要戴名牌，把自己的隨身物品放在志工室的櫃子。所內有幾個區域一般志工也不能進去，像是病房（限病房志工）、點交室、特殊獨籠區等。規定很嚴格，就算你只是要幫一隻在病房的癱瘓貓拍照找包養，也是禁止的。當然，以上那些也都是一般民眾如我看不到的區域。所內的貓要領養前都是「我們這裡沒有互動」，只能隔著籠子看，後來貓志工有自己在粉專「天龍收容所貓情報」提供預約和貓互動的需求。不過，一般民眾從收容所的官方平台或現場，不會看到這樣的訊息。

志工請特別注意時間

（週一不開放服務，開放時間為週二至週日，早上10點至下午4點）

上午 10:00 之前狗不可出籠

下午 04:00 所有犬隻必須回籠內並離開

　　　　　　犬舍·準時清潔整理完畢

下午 04:30 最遲所有志工離場

在此重申動物之家相關規定，若違規則暫緩該志工服務事項

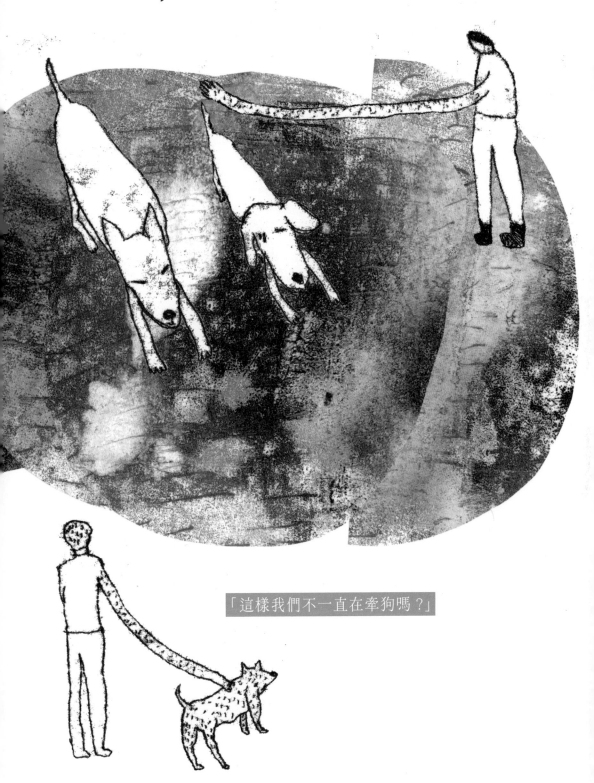

「這樣我們不一直在牽狗嗎？」

　　志工有一百多位，每年招收兩次。二〇二一年疫情停招（後來年底招了一次，只招貓志工，聽說是因為準備要搬家，狗志工沒有餘力訓練新生）。目前常出現的志工，平日約莫是個位數，這幾位志工撐起了整座收容所的人性與希望。他們一般十點左右準時報到，到下午兩點或四點離開。他們耗費體力遛狗、幫狗洗澡、幫特別的狗做特別的照護等等。四位櫃檯人員坐在大廳吹冷氣，身上沒有一滴汗，沒有曬到一點太陽。我跟著志工進進出出，是體力活，絕對是體力活，尤其是夏天。

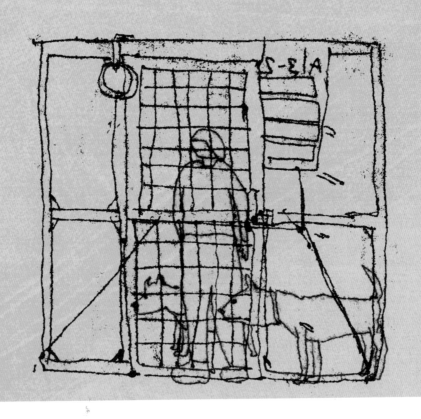

　　所內沒有招呼他們要不要訂午餐，沒有提供飲料，中午櫃檯自己吃完午餐就熄燈午休。我沒有、從沒看過志工吃飯，聽聞他們會自己帶便當，但也沒有一個可以讓他們好好吃飯休息的地方。志工室很小，只有一個位子，再來就是大廳，但疫情關係又很麻煩。我跟著志工一早上，根本沒實際拉到狗或碰到狗（規定很嚴格，非志工不能碰狗），已經感覺又熱又累，根本撐不到下午。而且他們並不是住在附近，都得耗費不少車程才來到這裡。志工室裡完全沒有人類的食物，只有他們自己帶來給狗吃的雞肉（像溫蒂和她先生早上十點到下午兩點多，直接不吃。一則沒地方坐，二則所內味道很重，我試過，根本不會想吃）。

姚大哥（十一年志工）：

「這是糰子（咖啡加白底）。」
「進來的時候很慘，都以為下週來就看不到牠了。」
「送去外面醫院，好了回來了。」
「以前有安樂死的時候，真的，兩個禮拜。」
「那時狗都吃不夠。」
「現在伙食又太好了，變得過胖。」

「那你覺得沒有安樂死後，現在有感覺比較好嗎？」
「現在沒有比較好，全部擠在一起，傳染病、互咬。」

「後面有一個冷庫室。走的動物都先冰凍在那裡。禮拜一或二會有一台車來
載走。火化是外包的，算公斤的，我見過那台載屍體的車。」
「我遇到民眾去火化。十二・五公斤，九百塊。」

　　　　　　　　　　　　　　　　　　　　　今生好好愛動物

有一次，我看他遛狗，想幫他撿狗屎。

「這是軟的，沒辦法撿。」

「不撿吼，收容所是用糞便堆出來的。」

「老皮很聰明，會自己進籠子。」

太空艙裡，左右兩排，有幾隻類米格魯，幾乎都是因為咬人被退。

姚大哥似乎就弄這幾隻狗。

「我每個禮拜來一次，來看幾隻認識的狗，看看牠們好不好。」

「不撿吼，收容所是用糞便堆出來的。」

志工萬達幾次留意到一隻獨籠狗。那隻狗很髒，她想幫牠洗澡，可是又不熟那隻狗。

「有時候，洗狗會被咬。」那一次，她問了比較熟的志工夥伴，夥伴也說不熟那隻狗。

那天，已經很接近四點，志工要在四點前把狗牽回籠（否則會被記點）。我後來知道接近四點的收容所氛圍，廣播器會響起，有一種急於清場的感覺。

萬達到美容室，美容室只有一個洗澡的空間。

「那隻狗很髒，很多毛打結，我就直接拿剪刀剪。」

「沒想到我把皮剪了一塊下來，牠一聲都沒叫。」

「我看到水槽裡怎麼有血？想說不對勁，才發現自己把一塊皮剪下來了。」

「我就把牠拉去二診，結果醫生只是貼了一塊紗布，叫我把牠放回籠子。」

萬達比了一個貼傷口的動作，眼眶就紅了，有點說不下去。

最後萬達看那是開放性傷口，籠子的處境也不利養傷，就把狗帶到櫃檯，說要自付就醫，搭計程車把狗帶去外面看獸醫。外面的獸醫幫狗縫合傷口，萬達自費讓狗住院，住了十天，這中間她每天來遛狗。十天後她決定領養那隻狗，雖然家裡已經有兩隻。而且那隻是大型狗，還是老狗。

「牠被關八年，沒有出去過。」

「回到我家後，牠很乖很乖。」

「那隻老狗，很瘦，坐下來都是骨頭撞到地板的聲音，還血便，問題很多。」

我每次看到萬達，都問她一次：「那隻狗真的被關八年嗎？」

「真的啦！」

「我死後的錢要留給動物。」

「我的錢沒有很多啦。」

*

志工玲子姐幾乎每天都會來，在大廳一角，拿幾個碗，放特別的飼料，加水泡軟，要等一下，所以她會先去洗狗。我看她準備兩罐嘉寶嬰兒肉泥、一包雞絲肉，都是自己帶來的。做志工都嘛在賠本，她說。

一隻老狗在大廳柵欄裡不停地繞圈圈，我知道那是失智症，但還是多問了志工大姐，狗的失智症是怎麼回事？她說，失智症就是不知道自己在幹嘛。狗繞著固定大小的圈，不知道什麼時候尿了一灘，沒有人去清，牠又踩上去，繼續繞圈圈。這隻狗，這樣的狗是鐵定沒有人會領養的，當時我這麼想，加上狗的樣子沒有一點特色。待過收容所就知道，特色多麼重要，一大群黑狗中只要你有一小片白毛一定是第一個被注意到的。沒有特色，加上老、病，就算是神仙下凡都輪不到你被領養。

「沒想到我把皮剪了一塊下來，牠一聲都沒叫。」

為什麼政府可以輕易放過那些棄養的人？
應該把他們和狗關在一起，關一天！

今生好好愛動物

後來我知道了這隻失智症的狗叫Calvin。所內的狗有中文名、英文名、日本名。取到世界上的名字都被用盡了吧，還有叫清蒸、微波的狗，大概那時候取名字的人很著迷廚藝吧。Calvin之前是狗老大，好鬥，咬人、咬狗，曾經打掉過一隻大狗的眼睛。那隻大狗巧虎成了獨眼龍。我也見過牠，長得很好的大花狗，也沒被人領養，被關在大獨籠裡。牠看人的樣子和別的狗不一樣。

　　還有兩隻之前被攝影師拍沙龍照做成海報的「公關狗」佐佐木、伊比利，長得都很有特色，也親人，還被拍成宣傳海報，結果還是沒被領養。我從照片再看到牠們目前的樣子，全身上下寫了一個巨大的「老」字。這個字的意思是，沒有出去的希望了。這樣從年輕到老死都在收容所的狗，數量應該很多，我沒敢去問，不過這數字應該是要被看到的。

　　「被po一百次都沒人要。」醫助直接說。

　　「大的、黑的，更沒人要。」

＊

　　志工美慧姐一來，犬舍左邊有小門的都被打開。當時我就注意到這機關，只有這一排的犬舍有，有通往外面、也有圍起來的，有陽光的半戶外區。我來幾次從沒見過小門全數打開過，美慧姐帶了一大包牛肉，分給其他人餵。

　　「我哥是開牛肉麵店的。」

　　溫蒂也帶牛肉，那麼多肉哪來的？不是很花錢嗎？

　　她說，是有人捐的，之前是去北投載，後來有一位好心人說他可以送來，煮好的，只要退冰就好。那人還特地跑來收容所看有多少狗，看看回去說，不夠吃呀。可溫蒂說，他們也沒辦法全餵到肉，主要就給病房和狀況比較不好的狗。正常、在犬舍的狗只有在志工的照料下，像琪琪那樣的少數志工，可能一週有幸吃到一次，一點點。

走了的狗比被領養的還多。

一隻志工說剛被棄養的狗靠在我身邊，還沒有狗這樣主動靠在我旁邊過，當下真的會有衝動想領養牠。牠坐在我旁邊，貼著我的大腿，我生平第一次感受到狗的溫暖。不過看牠的臉，沒有很特別，就是一隻你不會說牠好看或是可愛的狗。不過牠靠在我身邊的那種感覺，我永遠記得。

今生好好愛動物

「你問志工有什麼用？志工要來就來，要走就走。」小白對我的訪談沒有認同。後來想想，要來就來，要走就走，不來就不來的志工也確實占了大多數，難怪他對志工沒信心。同一個時段，我也看到上週有來的人這週又沒出現了。

「我會一直來。」小白說。

「我只是來看狗。」

「這是貧富差距，你去看大安森林公園那些狗多好命。這裡的狗被關無期徒刑，又沒犯什麼錯。」

小白又說：「你問人有什麼用？重點是狗。」

我的訪談提醒自己以聆聽為主，所以並不反駁。狗不會說話，我沒法問狗啊！

「為什麼政府可以輕易放過那些棄養的人？應該把他們和狗關在一起，關一天！」

「這些狗關那麼久，都瘋了吧！」

「我們這幾籠的狗，有幾隻走了。」

「走了？被領養了？」我還天真地問。

那一籠有幾隻老狗。總體說，收容所的成狗，走了的狗比被領養的還多。

我在收容所親眼見識了很多老狗。每天有一位志工會把幾隻大型狗拉到大廳的圍欄裡，牠們走路超慢，好像長了骨刺，還是後腳有問題。原本一位志工用牽繩，後來發現根本不需要。放開也不會跑，幾乎是寸步難移了。除了這三、五隻受幸運之神眷顧，常被拉出來透透氣，吃吃零食，其他有些不易親近，志工又沒辦法花很多時間在牠們身上。越長時間沒被帶出來，就越恐懼出去，或者是，已經哪裡有問題了，又或者是，諸多巧合剛好發生在牠們身上，就變成「帶不出去」，或者志工會說「牠不喜歡出去」。

那次我看到了帶不出去的老狗、癱瘓狗、不便於行的狗，就想應該去募一台狗推車，可以把牠們推出去。腦海裡總有千百個建議，又礙於自己是局外人，一下子不敢說太多。像所內三百多隻貓，有一半的貓籠靠室內牆壁，永遠享受不到陽光。可以把貓籠整個搬到外面去曬一曬嗎？曬太陽可以讓貓抒壓，又有維他命D讓身體健康。志工A說怎麼可能，萬一貓跑掉呢？志工B說不可能，沒辦法這樣移動。誰又可以決定、擔當這種改變？

經歷過安樂死階段的志工目前所剩不多，不出十位。小陳來了有七、八年。

「目前志工的男女比例：二比八。」

「志工大多數是女生，因為女生比較有愛心。但有愛心反而會害到這些動物。」

「怎麼說？」

「像你車禍躺在路上時，會需要一個有愛心的人，還是懂得如何救你的人？」

「當時裡面還是用這種圍籬。」他指了旁邊菱形格子的鐵線籬笆，「後來改成這種壓克力隔板。」

「後多事要經歷了才會知道。像我後來去板收＊，他們說這種格子籬笆比較好，打掃方便，也比較通風。」

「當時所方和志工衝突很多。因為志工都是愛狗的人，看到什麼不滿意就會舉報。」

「那時候他們把志工視為眼中釘。像有一位獸醫上班時間吃便當就被舉報，其實他只是因為午休時間在忙所以沒吃。但志工愛狗心切，覺得你們怎麼沒處理這個、那個……久而久之，芝麻小事都會被拿來放大。」

「沒有安樂死之後，幾乎每週都會傳出狗被咬死、咬傷的訊息。」

「一個禮拜都有一隻？」

「幾乎。」

「安樂死是在無痛下死的。你覺得被安樂死好，還是被咬死好？」

小陳說：「我一週只來一次，一次只遛兩隻狗。」這兩隻狗，只有他和醫助有辦法牽出來。一黑一白，黑的會咬人、咬狗；白的其實不會咬人，是被牽連的。小陳那天幫黑狗沖了澡，然後幫牠戴上嘴套，否則運動公園的其他狗會遭殃。的確，咬過人的狗沒人敢碰。小陳非常了解狗，志工遇到狗的難題都問他。

「你怎麼那麼了解狗？」

「我本來也不懂。來了之後發現狗自己有一個世界，我才去多方面吸收狗知識。」他對狗很有一套想法，數次強調：「只有愛心是沒有用的。」

「咬過人的狗都不應該被領養。」

「？」

「之前有宗教團體募款，把幾隻兇狗送到花蓮，在一個範圍內放養。我有去看，那狗的狀況也沒有比較好，沒有點跳蚤藥、沒有洗澡，雖然沒有到皮膚潰爛。」

＊ 板收，板橋收容所之簡稱。

「很多來領養狗的人是可憐狗，不是愛狗。」

「很多養狗的人其實不了解狗。」

（我OS：沒養過怎麼會了解？）

「如果是一隻幼犬，你覺得牠會想在外面，還是到人類的家？」

「人類又不懂狗，要教狗什麼呢？」

「像一個狗群體，有一隻狗不懂規矩的話，比如四目交接（在狗的語言是挑釁），馬上就會造成群體的不安。所以，人類的介入，造成有些狗失去和狗溝通的能力。那些從小和人類在一起，後來又投入狗群體的狗，就會有很多問題。」

（他拋出連串問題，我無法招架……）

「現在的志工，能留下來的很少。除了個人生涯規劃，不然就是太累。」

「像他們這樣（拚命遛狗），有些是從很遠的地方來的。」

「還有就是帶狗回去照顧，就沒法來了。」

「你自己有養狗嗎？」

「沒有，有的話就不會來了。」

他準備要把那兩隻一黑一白帶回去。我們聊天的時候，牠們自動待在他身邊，沒有跑遠。

他一天「只遛兩隻」的模式，後來狗組長說：「我說過——不要認籠！很多人遛完他那一籠就回去了！」

狗很會忍！有時拉出來就在走廊上尿好幾分鐘！

今生好好愛動物

有一隻三年前就入所的狗叫洋蜜，發現有腫瘤，也是帶去外面做截肢手術。手術很成功，但好像沒有順利找到中途。

洋蜜必須在外面尿尿，結果中途反而說要在家裡尿。我好奇問溫蒂：

「收容所的狗怎麼可能一定要在外面尿？」

「狗很會忍！有時候我拉出來牠們就在走廊上尿好幾分鐘！」

「好像一個禮拜的尿尿量！」

「狗這麼會忍尿？！」

「這樣當然不好，尿道容易發炎。」

＊

皮卡在下午三點就急著要回去。

因為知道自己很臭，要避開放學的人潮。

「我回去洗衣服都要花上一個小時！光泡還不夠，要手洗兩次，還要洗牽繩。」

（牽繩很髒，狗在放風是拖在地上的，弄到狗屎也有可能。）

「很多人是帶一套衣服來換。」

「我知道，我才不要。那等於要洗兩套，換了也是髒掉。」

你就知道遛狗要流多少汗，特別是夏天哪！

「以前啊，志工有幫動管員拌罐頭在飼料裡，給狗吃。」

「結果動管員說，可不可以不要再做了，這樣會造成狗打架⋯⋯」

「既然動管員這樣說，志工也只好默默不做了。」

「可是，如果每天都有加罐頭，牠們就不會那麼激動⋯⋯」

現在，工作人員偶爾還是會對志工發牢騷：「都是你們拿肉來！害牠們躁動！」

「你們可不可以不要餵狗來滿足自己！」

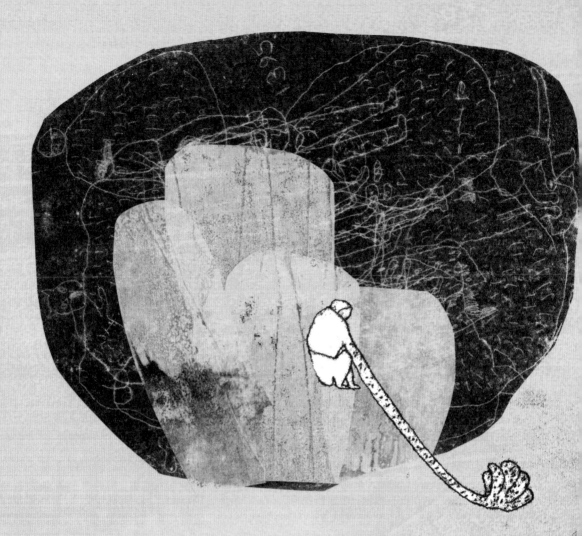

收容所大廳。這是Momo，這是潤東。櫃檯固定會顧這兩條大狗。

還有姚大哥每週會去看的團子、丹堤，後來也沒有放出來了。

「丹堤這兩條（眼紋）是洗不掉的。」姚大哥說。

「洗不掉？」

「你看潤東的關節不好，牠站不太起來。」

那天我看櫃檯一位男生把潤東抱到外面去尿尿。

清潔先生也抱過一次。

我走的時候，清潔先生在遛團子。

「你也要遛狗嗎？」我假裝問他。

「我是做義務的！」他笑得很開心。

今生好好愛動物

清潔先生說，市長來參觀時問：「這些狗為什麼沒有床？」
志工瑪沙馬上插話：「有一堆床，在那裡，放不下啊！」
「放不下？」
「你去過犬舍嗎？連站的空間都沒有！」
另一位志工插話：「叫市長領兩隻回去養！」

清潔和貓很熟，有時會摸摸貓，幫貓擦鼻涕或眼屎。
「胖橘被領養了，他們說怕我寂寞，就補了這隻給我。」

第一次感受到「寶貝」二字在台灣的濫用，卻又覺得很可愛，聽到志工不停以「寶貝」稱呼貓，又發出那種娃娃音，「寶貝你這樣哈我我會怕喔！」，全場都「寶貝、寶貝」地亂叫，我也跟著叫了。也許最後牠們會誤以為「寶貝」是牠們的名字。

　　後來我問溫蒂：「你都怎麼叫牠們？」
　　「狗不懂名字的話就是黑黑、黃黃、白白……」
　　「小虎！」虎斑，我脫口而出。

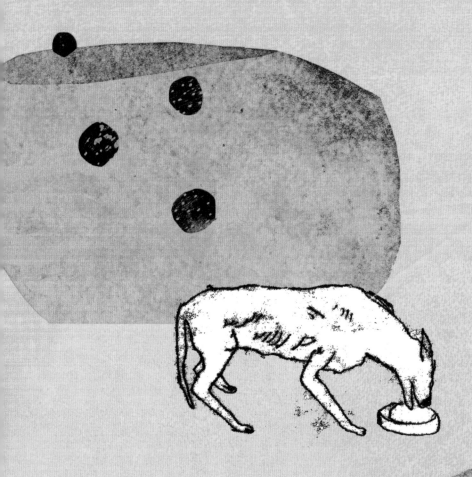

今生好好愛動物

某平日下午場景：

老狗碗豆被領養了！志工都跑出來看，太激動了，這隻狗左看右看都沒啥地方好。領養人就是想領養一隻在收容所很久的狗。

福部很愛吃，還會伸爪搶食，抓傷志工，一看到志工要餵肉泥就開始出手出爪，我都離牠遠遠的。那天下午近四點，福部被領養了。
兩位志工一個餵肉泥，一個速速幫牠剪指甲，至少讓福部去新家不會抓傷人。

民眾看到兩隻貓互舔：「牠們一定是夫妻。」
「這裡沒有夫妻啦，全部都是結紮的！」

志工問民眾：「要不要養成貓？」
「不了！我在這裡領養過一隻，六年了！不親人！」

另一位志工說：「有一隻貓領回去，兩年了，都還摸不到。」
「你才三個月就摸到，已經很棒了！」志工在說我。
　？！（三個月說起來很短，可我已經夠挫折了，何況是兩年！）

二〇二一年八月，台北市長柯文哲發布新聞，宣佈動物之家改建暫緩。

第一，工程原物料持續上漲，導致改建預算從五億多跳到八億多。從去年五月起，整個台灣營建物價大約上漲百分之十四，大宗物料包含鋼筋上漲百分之五十六、模板百分之十三、混擬土百分之三及人力短缺等。

「這是國家的問題」，造成所有上億元的重大工程出現狀況。說要停下來思考看看。

第二，營建廢棄物處理費飆漲，現在的動物之家是蓋在天龍垃圾山上面，若要往下開挖地下室，需額外支付費用處理地下垃圾，去年七月以前，若要處理一立方公尺的廢棄物，費用為六百至八百元，現在是八千至一萬元，漲了快十倍。

「你知道嗎，柯文哲說沒有要建了。」

當時我對這件事沒有深入了解，後來才知道，「沒有要建」的意思是動物們原本已經很爆籠的情形，目前還是卡在這裡。

改建原來規劃得很好。有志工說，看到沒有籠子、遛狗動線也很順，開心到眼淚都要掉下來。

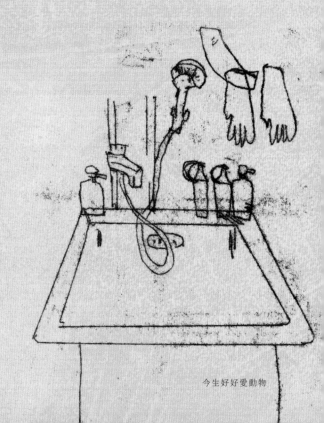

新聞來源：動物之家改建暫緩
柯文哲：國家政策失衡、三方向辦理

二〇二二年四月中旬，動物之家搬到走路約十分鐘的新蓋中繼站。中繼站的意思是暫時讓動物安置，等舊址拆掉重建蓋好後再搬回去（施工預計五年，但截至二〇二三年中，舊址還沒有開始動工）。可爆籠的問題一直無法解決，貓狗都無法全數過去，被留在舊址的貓狗數目未定。

中繼站即將落成時，所方約了所有志工一起去看，有什麼問題意見就可以提出。去的志工大約有三、四十位。當天天氣酷熱，志工組長領我們從舊址走一條後面的步道，當時真是熱爆了，一群人在豔陽下走了十多分鐘，志工真的就是這樣耐熱的。

當時我問志工：「留在原址的動物不是住在工地裡嗎？要重建不是會有很多粉塵、噪音？」
「沒有要建啊，市長說沒錢呀。」
「那為什麼要搬呢？」
「因為中繼站建好了呀。」
當然我也略知原址諸多設備老舊，也是大爆籠。
所有工作人員、領養業務皆移到新址。那麼，誰會看到那些被留在那裡的貓狗？
不會有民眾看到，可是志工還是會去照顧。
民眾永遠不會知道。志工被規定不能爆料，不能在自媒體貼收容所的相關圖文，一律得經過上面同意。

（截至二〇二三年六月大約還有兩百多隻狗留在那座廢墟，原後貓舍的近一百多隻貓於八月全數移到中繼站，從原本沒有籠子的隔間住進三到四隻擠一個的籠子。）

工作

輯二
CHAPTER 2

不得從事志工服...

如欲加入志工行列，請洽志工督導，；
或至台北市動物保護處網站查詢

※※※ 特別提醒 ※※※

未滿 18 歲訪客，無監護人陪
禁止獨自進入狗運動

區域
進入

限

動物接觸作業管理注意事項
（大型犬、兇猛犬）

此區
擅

非經授權人員

不得攝影

公告!!

未完成志
非現

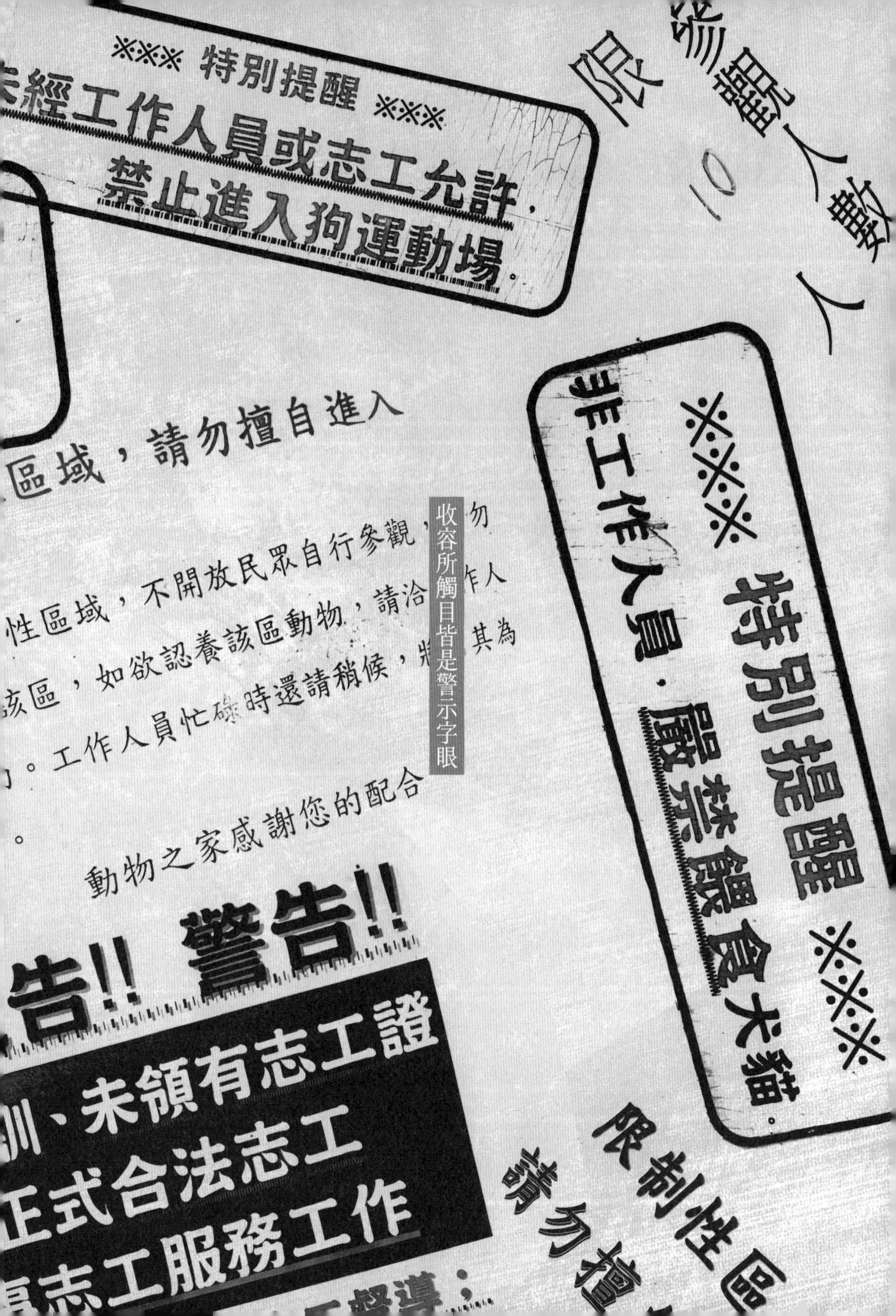

收容所觸目皆是警示字眼

動管員們

我餵的是瘋狗

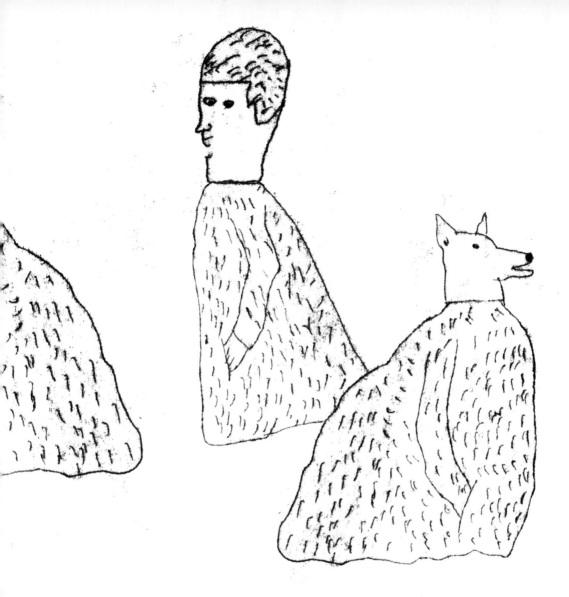

　　（一開始，所內幫我安排到的採訪對象只有志工組長、訓練師，兩位其實都不是所內的編制，訓練師是外包的。後來，我簡化題目，變成「簡訪」，透過動管員的安排，採訪到了另一位動管員、一位醫助、一位清潔，沒有更多了。）

「所內沒有人會想接受採訪，之前有三、四個像你這樣的。」
「那他們做出來的成果在哪裡？」
「沒有，沒有做到啊。」
「櫃檯沒有人要（被採訪）。」

資深的動管員常先生，待九年了。這裡的櫃檯、醫助他都做過一輪。

「我其實這週五要去應徵新工作了。」他難掩興奮之情。

（不過後來他沒有離開。一年後，他離職成功。）

「為什麼？」

「每天通勤太累了。交通費三千多。搭客運，每天六點多就要起床。」

「九年來都是這樣？」

「不是，是這兩年，我家人病了，搬回去老家她狀況就比較好了。」

「餵食平常是兩個人。」

「我是一個人餵。」

「十點前,餵前會先清一次,餵食後再清一次。一天至少清四次。」

「我餵的是瘋狗。」

「瘋狗?」

「真的是瘋的狗。我休假的時候另一位同事進去,你看,高頭大馬的那位,是把雨靴脫掉爬出來的……」

「這些貓是怎麼抓的?」我忍不住好奇,因為要抓貓還真的不容易。

「都是民眾抓的。他們和我們借誘捕籠。」

「狗呢?」

「都是民眾通報的,我們不會自己去抓。」

原來天龍市民這麼會抓貓、通報狗啊!

天龍市民知道看到沒有人的狗貓、或者在街上流浪的(受傷的除外),可以打電話給動保,就會把牠們抓去「動物之家」,在那裡有人會照顧牠們,不再流浪,有東西吃。可是,說這些話的人、打給動保的人,沒有人去過「動物之家」。

因為去過的人(如果你還是一個人),你不會把動物送去那裡。那裡的動物都被關在籠子裡,拉的屎也在旁邊,好幾隻在一起,生病了就自然快速傳染。

*

每天下午一點半是所有獸醫、醫助、動管員、訓練師都要參與的點交。

處理那天被捕到的貓狗。我旁觀過一次。

貓都緊張地縮著或喵喵叫。醫助會用長柄的網子把貓從籠子移到網內,獸醫隔著網子,看看性別及大致的狀況,另一邊一位工作人員會馬上寫卡。他們會快速替牠取個名字,獸醫馬上點一劑寵愛(跳蚤藥),打一針疫苗。接著馬上發配,要放到哪一籠,醫助就會縮起網子,拿到前貓舍或後貓舍去放。

隔著網子其實看不出什麼,而且時間緊迫,他們不會一直蹲在那裡搞。那天我跟著醫助,拿著新的貓卡和網子裡的貓送去貓舍。她進去放貓後,又把貓卡抽了回來(抽回來是明天的值日生會來抓牠帶去所內二診看醫生)。

「都是民眾通報的，我們不會自己去抓。」

「為什麼？」

「牠有呼吸聲，可能是感冒。」（事實上這隻貓在捕進來時民眾已經註明牠有點狀況。不過獸醫一下子看不出來，就說沒有啊！）

我心想，牠感冒了還這樣和別的貓放在一起？豈不傳染？為什麼不馬上放去獨籠？不過想也知道沒有獨籠了，而且這樣馬上會打壞她的工作流程，還是她當下沒時間處理？

還有一次，點交後，一位醫助用網子把一隻新的黑貓放進已經有三隻貓的籠子，然後把門扣上就走了。我剛好在那裡，目睹舊貓攻擊新貓，好在貓是比較和平的動物，不太會像狗那樣打到重傷，至少在收容所的環境，工作人員應該不是馬上走開，會留下來觀察一下新舊互處的狀況。不過，看起來他們忙不完，動物的數量太多了。

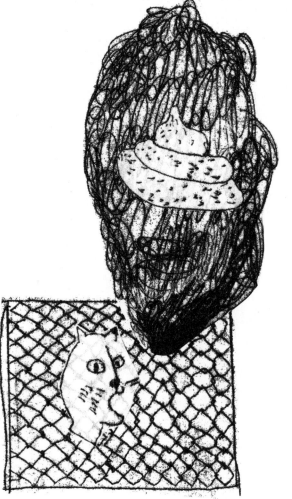

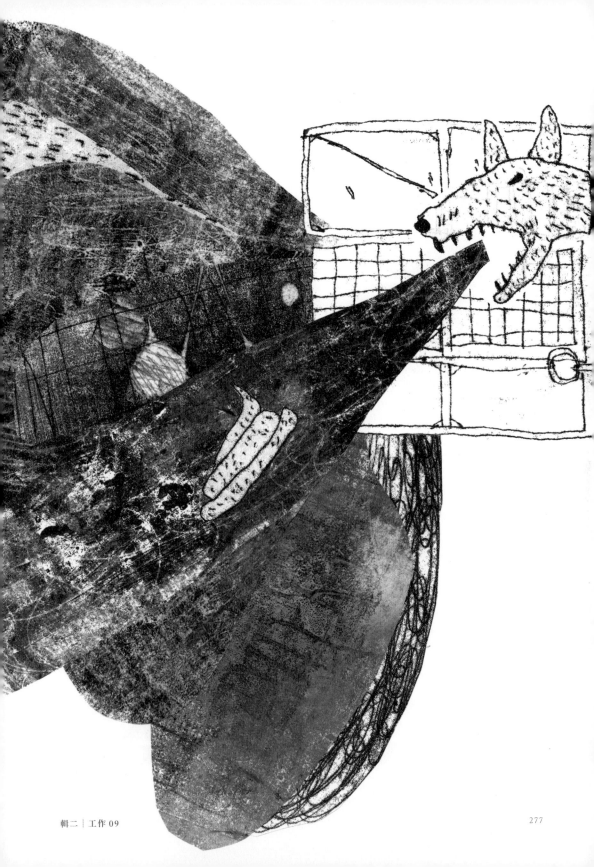

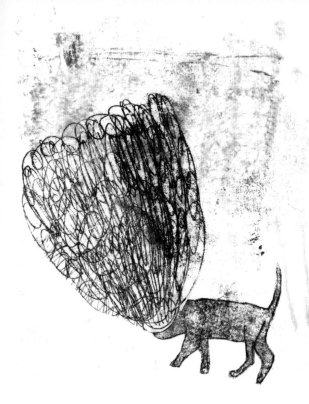

狗就更可憐了。被抓進來的狗，有一隻是主人死了的柴犬。另一隻有著狼眼的大白狗，應該是有主人的，但沒有晶片。還有一隻很美的白狗，全身都是壁蝨，被關回暫留室的籠子，點藥等壁蝨死完。訓練師很愛狗，她把狼眼白狗拉到大廳，盡量多陪牠。

在這裡，工作人員已經不會說貓或狗「好可愛了」。

我忍不住說那隻白狗「好可愛」的時候，獲得的是隱形的白眼（後來我聽到民眾參觀不斷說「好可愛、好可愛」又沒有打算要領養時，我也是能給多少白眼就給多少白眼）。

暫留室就像一個大車庫，密閉的，有一個笨重的鐵門。他們好幾個人在裡頭點交時把門拉上，不讓外面的人看。裡頭本來應該是空的，但因為爆籠也放了兩排、雙層的狗籠。牠們每天都在看點交。

親身經歷過點交，切身體會到他們說最大的困難是不知道要放哪裡？新來的貓狗要放哪兒？每天都有至少十隻，根本沒有單獨的籠可以隔離。

看到貓進到集體貓籠那種恐懼的模樣，而且，被剪過耳的都還會被抓進來，有些人就是看貓不爽吧。

不過，點交也是工作人員認識新動物最好的機會，一放進集體籠子，你馬上分不清誰是誰。

我到現在都還記得當天點交的那些貓狗，特別是狗。

根本沒有單獨的籠可以隔離。

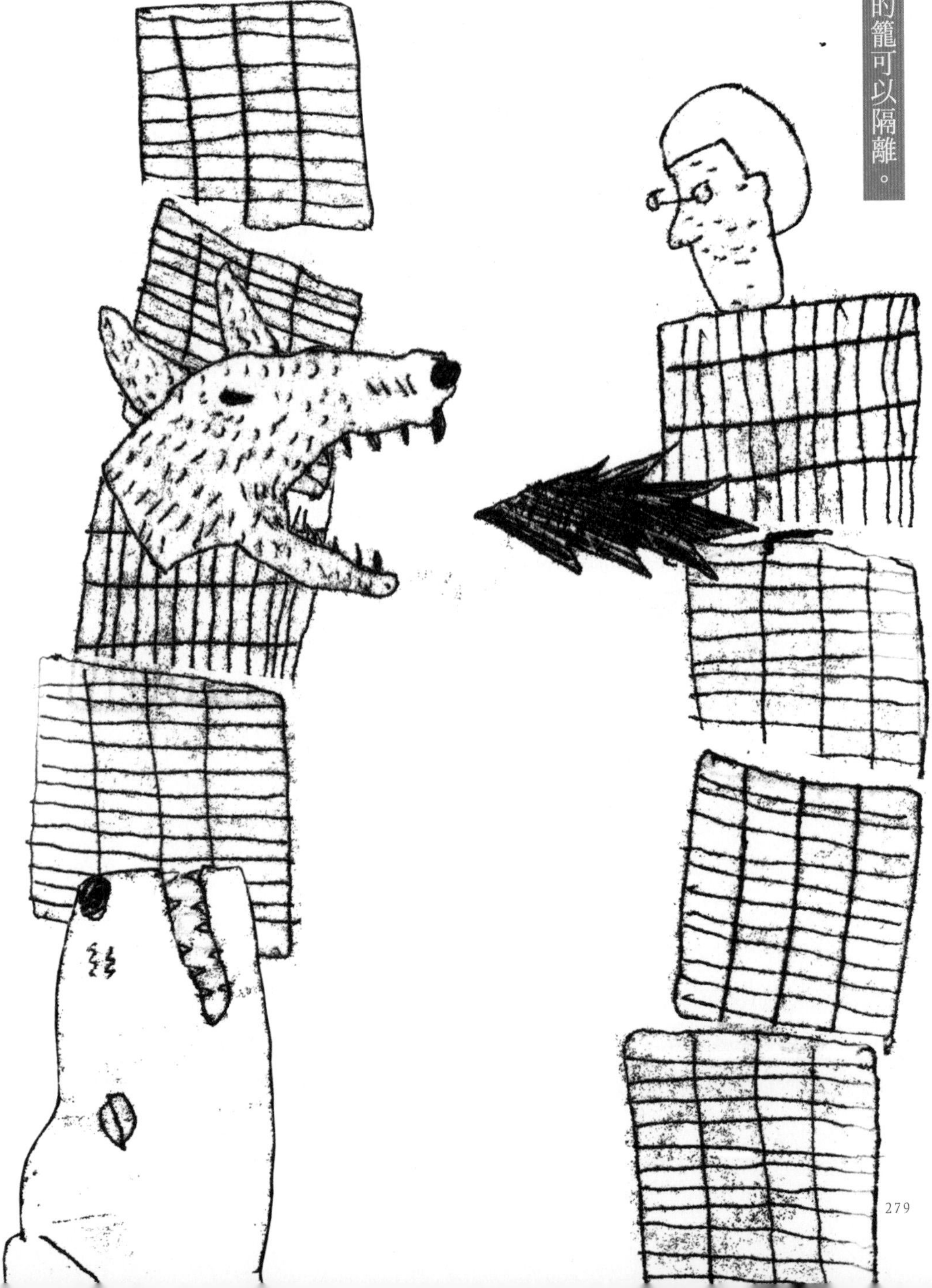

動管員黎黎來不到一年，對動物的熟稔度令人吃驚。

「怎樣的背景可以來當動管員呢？」

「動物專業吧。」（動物科學、畜產科系之類的。）

和她說話的時候，她看起來冷冷的，可是看到她接觸動物的樣子，就暗自佩服。

（不過我也有感覺，他們忙、壓力大，沒空和我這樣不了解狀況的人多說。）

動管員除了行政，主要負責餵食。

她一天要餵兩百多隻貓，還有病房的二十多隻狗。

餵食並不只是「放飯」那麼單純，要觀察貓咪們有沒有吃、吃不到、外觀有沒有病徵等等；或是會不會主動過來，挑出親人的貓，推薦領養或送店家（有幾家配合的，中途貓讓更多人看見）。

因為貓的數量太多，可想像「觀察」也很有限。像負責後貓舍的動管員就她一人，但醫助會幫她。「放飯」很簡單，誰都可以放；「觀察」依靠的是經驗與專業，才要費心。

（後來我成為志工，也觀察過動管員餵貓，很意外地發現，她餵完就走了，沒有看看誰沒有吃……可能是工作很忙吧，或是做久了？餵貓真的要一份用心，把碗溫柔地推到每一隻貓面前，還是用丟的？有沒有貓會吃不到？要吃藥的貓要認對，要仔細把藥混好……）

我有時會看她把後貓舍的貓移到前面，因為比較少人來後面，還有橘白貓的認養率比較高，也會選擇性地移到前面，多少有點櫥窗效應吧。

基本上，貓住哪裡，就是動管員在「調配」。

她來之前，沒有「愛滋貓互動室」。

「貓互動室」只有一間，這是收容所唯一一個沒有籠子的空間，這裡的貓可以在範圍內自由行動，跳到高處睡覺，還有軟軟的貓窩，簡直是收容所的超級豪華間。她規劃把這裡變成「愛滋貓專區」，在這裡全部都是親人的愛滋貓，民眾可以直接脫鞋進去坐在地上，無距離和貓互動。

「愛滋貓」很多，被驗出來有愛滋的，都會被放在同一籠。

「貓愛滋」不會傳染給人、不會傳給狗，不同於人類的愛滋病。這絕對是一個被污名、需要被正名的名詞。

「家裡如果沒有別的貓，就可以收養愛滋貓」（錯）、「愛滋貓不能和正常貓混養」（錯），這觀念是我在志工受訓時，帶我們的志工灌輸的。後來在我接觸更多愛媽、資深貓奴時，發現其實是錯誤的。很多貓奴都見證共同生活、共用貓砂、食碗、水碗都不會被傳染，只有深度見血的打架才會。在已結紮的貓，這種狀況其實很少發生──只要做好新舊貓隔離，是可以混養的。

聽說街貓感染貓愛滋的機率很大，進來的貓不會馬上檢驗（除非領養人提出），因此，籠子裡說不定有很多沒被檢驗出的愛滋貓，也是這樣和其他貓被關在一起。

當然，也有機率是本來沒有愛滋的，住進去後被抓傷或咬傷，集體住宿，就很容易被傳染到各種疾病。

民眾領養前，可以請收容所檢驗貓愛滋，不用錢的，但只限一次。

很多貓就是在要被領養時驗出來有，就被關進愛滋貓籠了。

生命沒有不同，為什麼要永久隔離？——有關愛滋貓

曾經有過這樣的事：有個人撿到了一隻貓，後來驗出是愛滋，醫生說要「隔離養」，好像是他家有貓又沒地方可以「隔離養」，只好付費給醫院養在病房那種小格子裡。當然，沒病的貓養在那樣不健康的空間，後來也不愉快、被傳染疾病過世（醫院不是適合久留之地）。

因為醫生說要「隔離養」，這句話害了這隻貓。不只是這隻貓如此，我相信。

在收容所，因為提供驗二合一的機制，很多貓在領養前驗出有愛滋，也因為「家裡有貓就不能收愛滋」這樣的觀念而沒有領養。那隻「驗出愛滋而沒被領養」的貓會從原本的籠移去愛滋籠。愛滋籠有七個。一個有二至四隻貓不等。領養率幾乎是零，這不是我隨便講，是真的，不親人＋愛滋，是坐牢牌。另外有一間互動室也叫愛滋貓室，約有一批數字的貓，是唯一不關籠的公關區，因為牠們都非常親人。

早個幾年前，我也是這樣的觀念，去領養貓也會問，是不是愛滋貓？因為家裡已經有貓了，如果是愛滋就不要。自從聽到那個被養在醫院裡後來死去的愛滋貓故事後，又因為開始有機會送貓、而這些貓很多都是愛滋貓，我開始要和別人解釋「愛滋貓」。我確實聽到很多愛媽都說「愛滋貓沒那麼可怕」、「沒什麼」，從他們的嘴巴裡這樣輕鬆講出來，和我之前聽到的很不一樣，後來我自己才敢把就醫照護的愛滋貓Lily接回家裡。

當時我裝傻地問醫生：「愛滋貓會怎樣？」

醫生也裝傻地回答：「就是有病的時候就會說是因為愛滋。」

但要「隔離養」的觀念在某些收容所、志工、醫療人員中都還存在。前幾天我送一隻「被領養前驗出是愛滋」的貓，因為領養人從很遠的地方來，所以我跑一趟來陪她，未料卻看到櫃檯人員帶她去看愛滋貓房外面的告示版，那上面貼了一些愛滋貓的注意事項，有一項是要「單獨養」。我聽到領養人說：「那我不是要養在另一間房子？」我馬上去插話說：「不用不用，其實很多人都混養，我自己也是。」

最近我送一隻愛滋貓去醫口炎，又趁機問醫生：「愛滋貓，會比較難止血嗎？」

「不會啊，我覺得都一樣。」（這隻愛滋貓的恢復速度也不比一般貓差。恢復最慢的是一隻正常的貓，在我帶出就醫的十隻貓之中。）

真實案例最值得參考：

隱匿：「我家是一般貓和愛滋貓混養，多年來有時驗血時會給一般貓快篩一下，都沒被傳染，後來就懶得再驗了。目前我的愛滋貓是十五歲和十四歲，反而是一般貓八歲半罹癌過世。家貓也很愛打架，曾經見血，但沒那麼容易傳染。再說，若真傳染，沒發病的話也與其他貓無異。」

有一位頂尖領養人家裡的組合是：一隻公貓是愛滋貓，其牠是正常的母貓六隻。她幫我收過一隻公愛滋，也沒有吵架、打架。請注意是公對公。所以當時她家裡有兩隻愛滋，六隻正常。先往生的是正常貓，因為腫瘤、腎病。

有一位頂尖領養人家裡已經有七隻貓，又接了一隻在收容所關了四年的貓回去，那隻貓也是「被領養前驗出是愛滋」。他帶回去關籠沒多久就放出來，還睡在他床上。

還有一位頂尖領養人，家裡已經有正常貓，後來接了一隻愛滋貓，醫生也說要「隔離養」，她聽解釋覺得還好啊，就沒有聽醫生的話。她後來又收了好幾隻貓，反而是其中一隻正常貓不到十歲往生，愛滋貓目前十四歲，沒病，後來她又接了一隻收容所被關四年的愛滋貓。

後來她有送一隻貓去看之前那位醫生，醫生想起來她有一隻愛滋貓，好像審問她似的問：「有沒有『隔離養』？」

她心想，都是一家人為什麼要「隔離養」？

（終於有正式獸醫學研究報告證實——貓免疫不全病毒帶原貓［俗稱：愛滋貓］與一般未帶原的貓住在一起是沒問題的）

相關資訊

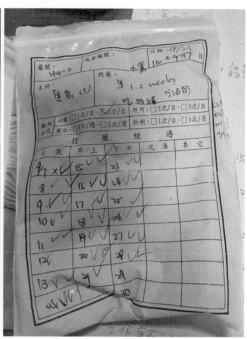

全白的糖糖，會不停地繞圈，很焦慮。有上繩焦慮。
要幫她套牽繩很難。
拉出去牠也怕東怕西的。

小黑的藥袋。

黎黎家裡有三隻貓。有一隻是從這裡保母出去的，本來只是想保母牠，後來就養了。

阿風是因為神經症而歪頭的貓，行為很奇怪，這樣的貓在群體中無法生存。

牠的飼料一定要墊高才吃得到，這樣的貓如果沒有被發現，就會在貓籠中病倒。

這樣奇怪的貓也很難被領養，她就乾脆收編了。

回去後簡直重生了，食量很大，和一般貓沒兩樣。

她帶我去看她最喜歡的三位女兒。

大女兒小黑住在一般犬舍，她只微微開門，小黑就乖巧地竄出來。

一隻沒有特色的小黑狗。

之前住在病房，有心絲蟲、生病不吃，好了之後變得很親人。

二女兒豆皮住在病房，牠沒有生病，只是因為很白目，不能混放犬舍，會被打（咬），在單獨籠病房區。

三女兒糖糖是全白的，會不停地繞圈，很焦慮。有上繩焦慮，很難幫牠套牽繩。

拉出去牠也怕東怕西的，她就牽牠到大廳的柵欄裡。要多帶出來就會進步了。（可是，誰可以每天帶牠出來呢？）

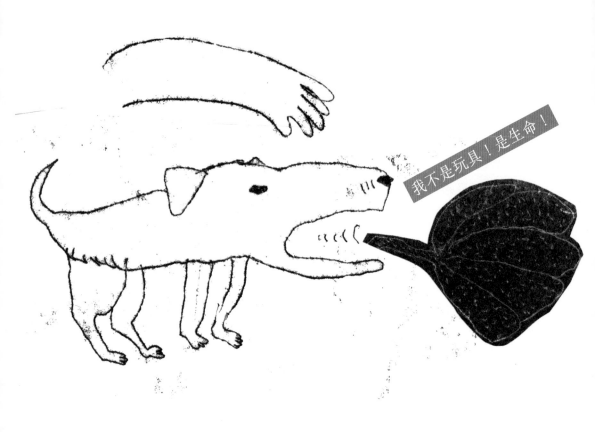

我不是玩具！是生命！

　　病房有一半是長住客，比如需要單間的、有傷口的、生病的、老弱的在犬舍好幾隻一起住會被咬、被欺侮，所以需要獨籠。另一半可能是小傷，在獨籠休養，好了就會回犬舍。

　　「我見過最匪夷所思的就是，有一位爸爸早上來領養一隻狗，下午就退回來了。」
　　「說女兒不喜歡，阿公也不喜歡。被罵了。本來是想送給女兒玩的吧。」

　　　　　　　　　　　　　　　　　　　　　　　今生好好愛動物

「貓被退回來的也很多，到新環境不吃不喝。」

「看到動物本身不會難過，動物本身有牠們的意志。」
「當然很難過這個整體的環境，我們都知道。」
「其實大家都是喜歡動物的，只能說盡力了，一千隻耶。」

*

（一年後黎黎離職，她快離職時碰到我，我感受到她變開心了，不像之前好像對來實習的學生很兇，動不動要發脾氣一樣。

我問她要去哪裡？可能去讀書吧，她輕快地答，好像離開這裡去哪裡都好。

我想起她和我介紹她的三隻狗女兒的時候，那些親暱的動作。那些狗又一次失去媽媽了。這裡的狗總是面臨這樣一直地換人。還有一次我看見她，動物們搬家時期，她坐在那裡說，我覺得我的頭快掉下來了。）

（再約莫半年，黎黎的身影又出現在收容所了。她邊讀書，邊兼職當醫助。我瞥見她遛糖糖的身影，我明白了。）

狗訓練師阿比，在職2年

「我可以去急診、去住院都沒關係，
人類對我的傷害比狗還可怕！」

所內有一位狗訓練師，人稱阿比。七百多隻狗，只有一位狗訓練師。

所內說我的採訪最好在早上，怕下午人多，當然，這沒有問題。我只是上週口頭和阿比說了，擔心她今天會不會下午才到。不過，我也有我的備案，就是觀察收容所的一切。結果門一拉開就看到阿比已經全副武裝在那裡，她會穿一件連身的工作服。後來我才知道她七點多就會到（十點才開門），因為她住得比較遠，怕塞車。

早到的話她通常會自己先到點交室掃晶片，看被捕進來的動物有沒有晶片，有的話可以先通知主人，因為所方的固定點交時間是中午一點半。看得出來阿比是很愛狗的人，她希望主人可以在第一時間知道愛犬被捕獲。

阿比平常會在大廳。沒人時，特別是連雨天、一整個禮拜都沒有人來領養狗，她會到犬舍陪一些狗，有時是搬張椅子坐著，讓狗習慣人類。

那天先是有一對父女說要看炯黃（就是在網路上看到，來這裡直接找狗互動）。櫃檯人員用廣播器喊阿比。有位工作人員坐在那裡，看到有人來就去請他們量體溫、掃實名制。老實說，平日根本沒幾個人，五個以下。大廳還有一台號碼機，整個大廳冷冷清清，櫃檯坐了四個人，加上那位叫民眾量體溫的人，沒人時我看到櫃檯拿釘書機叫他釘文件。

那天早上，阿比要帶民眾看狗，後來來了要領回被捕的狗的主人，也是喊阿比去抓狗。每一件事都不那麼順利，不是像揀個貨那麼簡單。阿比滿頭汗。四位櫃檯人員安穩地坐在那裡，幾乎沒有站起來過。

阿比領父女到犬舍，「先帶你們隔籠看牠。」他們一眼就看到了那隻狗，長得太俊美了。

那一籠有七、八隻狗，訓練師進去把黃狗拉出來，花了一些時間，因為有一隻黑狗一直想伺機出去。

「你們先到外面等，有人看著牠牠會緊張。」

父女先出去，後來我也出去。

炯黃被放到大廳柵欄裡，訓練師先進去，坐在地上。女兒（升國中年齡），也進去。

「不要雙眼盯著牠看，四目交接在狗的語言是恐嚇。」

「最好假裝不要看牠，讓牠自己靠近你，再偷塞給牠零食。」

「用手餵，讓牠吃飯的時候聞到你的味道。」

「狗聽不懂人話，就像我們聽不懂俄羅斯人的話一樣，但我們聽語調，讓牠覺得你是喜歡牠的。」

「回去後要準備一個大的運輸籠，讓牠可以躲進去休息。因為狗是穴居動物，門不要關……那是牠的房間，不管牠做錯什麼事，只要牠一進到房間，就不可以罵牠。」

「回去可以先準備像這樣的柵欄，讓牠先在小範圍內熟悉你家，不是一回去，我家就是你家，這樣牠會緊張……」

（此時我不禁想，台北人家裡東西都很多，你一下要人家買柵欄、一下要人家買運輸籠……那以後都派不上用場耶。不過，為了避免狗在家裡亂大小便、以及一開始的適應，這是最保險的方式。）

「你看，牠是一隻進步很快的狗。」

「我們要製造牠做對的機會……」

「牠回去應該會睡很久，在這裡沒有辦法好好睡……」

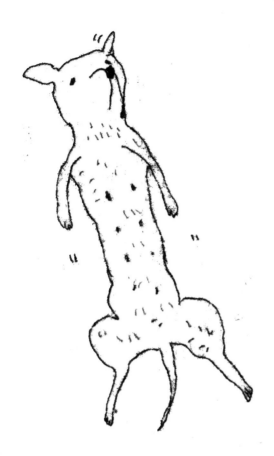

　　然後有一位婦人進來，說要領回狗。訓練師興沖沖跟飼主要了牽繩，我也很開心，走失的狗主人來了耶！未料太開心，還是櫃檯給錯指示，好不容易把一隻以為叫大黑的狗弄出來上胸背，結果搞錯了，那隻被搞錯的大黑一直不肯回籠子，又搞了很久。

　　至少十分鐘吧，訓練師滿頭大汗拉著那隻很胖的大花狗進來，那是昨天被捕進來的，我還看到牠被關進籠子，心想這麼胖怎麼可能是流浪狗，現下真為牠開心啊。

　　婦人還在櫃檯辦手續，大花狗搖著尾巴，好像不知道自己闖禍般天真，婦人的臉色沒有很好看，隨手還從包包裡掉出來塑膠袋，「怕牠一出來就大便。」

　　我隨口搭訕：「我昨天就看到牠了。」其實很好奇走丟的過程，沒想到她自己說了。

　　「養牠七年了，從這裡領回去的，七年了，沒想到還會走丟。」

　　「我先生帶牠出去，牠掙脫了，我先生要抓牠，跌倒了，六十幾歲了。」婦人臉上愁雲，看起來她先生傷得不輕。她沒有辦法及時在昨天接獲通知就來領狗，應該是在處理先生的傷已經累壞了。

　　接著，婦人叫了計程車，說要先帶狗去洗澡。雖然她和狗沒有激動擁抱，可是看她牽狗的樣子、說要帶牠去洗澡，就感覺到她對牠的愛。像媽媽對成年兒子的愛。

訓練師回去和那對父女一起和炯黃互動。炯黃長得美，又給摸，只是因為原本是浪浪，對人類有點戒心，就是人類說的「緊張」，要花比較長時間才有辦法自在相處。訓練師也不諱言炯黃被退過，就是因為「緊張」。我後來問了詳情，原來那人只跟炯黃互動大約十分鐘，因為炯黃真的很健美，隔天就來領走，三天後又送回來。這種情形是炯黃的錯嗎？應該是對方沒有搞清楚「這是一隻要先花時間熟悉的狗」。訓練師又說一句：「我沒見過牠回籠那麼開心。」「牠是親狗的，所以如果要養下一隻不用擔心。」

　　（聽到這，我心想「回籠那麼開心」要講出來嗎？那又何必領養牠呢？想到人類退養的理由有一條「牠比較喜歡收容所」，我還真見到了。而且，養一隻已經謝天謝地了，誰會想到「要再養下一隻」？）

　　不知道是不是「沒見過牠回籠那麼開心」種下的伏筆，帶領養的口條、領養文很重要，可能一句就讓人領養，也可能一句就讓人退卻。不過我們可以想像，如果訓練師當天休假、或有別的外務不在所內，沒有人會這麼親切仔細地和你說狗的種種，櫃檯只會幫你辦手序而已，這也是之前炯黃被退的可能原因之一。因為訓練師當天不在，沒有任何人跟主人多說一些、多確認一些，如果她要的只是一隻回去就可以馬上親人的狗，所內當然有！但是沒有人和她介紹、推薦。

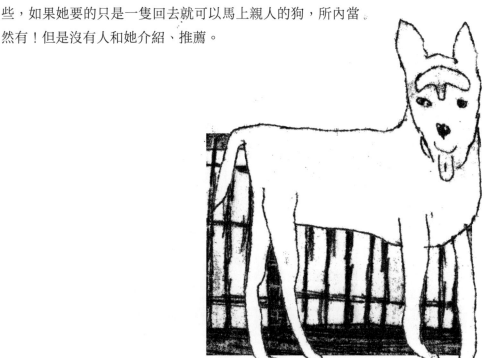

訓練師後來似乎感受到他們的猶豫，跳起來說，我帶你們去看別的狗！

然後我們去了一間如果沒有人帶就不會進去、進去了也不知道要看哪裡的房間。裡面有上下兩排籠子，一進去狗吠聲馬上轟炸。訓練師介紹了兩隻非常親人的黑狗，體型還沒有長大，都剛結紮完一週左右。其中一隻我之前見過，訓練師在大廳就把牠掛在身上，她走到哪兒那狗也跟到哪兒。

後來，他們決定看黑狗。訓練師又進去，也是要花一點時間，不是立刻就開籠抓起來，就算牠很親人。把黑狗上牽繩後，這隻和炯黃不一樣，牠可以直接走出去試遛。於是大家就和黑狗一起出去，給妹妹牽狗，狗狗也走得很順。在草地上拉了屎，訓練師馬上去撕掛在樹上的撿便袋，卻看到牠拉稀，沒法撿。

「嗯，牠可能是對飼料不適應，回去要帶給醫生看。」

此時運動公園跑出來一位志工大哥，「哇，老遠就看到牠的牙齒好白！像我家那隻要洗牙，一次就是一萬塊不見。」接著又對黑狗美言了幾句。我覺得志工的插話、稱讚在民眾看狗看貓時都很重要。誰不喜歡自己的寵物被稱讚呢？

後來，領養成功！櫃檯四個人沒有人出聲或拍手恭喜黑狗，沒有多說一句開心的話。只是冷冷地辦手序，可能是打擾到他們午休了。父女攜狗出去時，訓練師和我都自然地大聲和他們說掰掰。當然了，櫃檯什麼都沒說。

百分之九十的狗卡貓卡上都寫：緊張緊迫。我們被關在這裡當然是緊張，不表示永遠都是緊張。

今生好好愛動物

接著，訓練師拿一個大罐頭，她身上的連身褲口袋裡插了一支長柄的湯匙。她帶我去I房，或稱惡犬房，或是獨籠大犬。我後來的不適可能是從這裡開始的。進去前，訓練師說：「小心，手不要靠近。」

進到裡面，真的完全沒辦法說話、沒辦法聽到對方的聲音。

「惡犬」並非全部都「惡」，只是體型都頗大，獨籠。牠們站立起來的時候，就像一隻熊或是一個人，剎那間，尤其這是少數有陽光可以透進的空間，兩排籠子的狗發瘋似的對我狂吠，我才知道一般犬舍的狗吠根本小菜一碟。在這裡，牠們吠叫的力度與音量，聲音、臭味密度都達到了高點，令人腦袋一片空白暈眩。特別是你正對著一個比你巨大的籠子，光從後面透進來，籠子和那從像冰塊一樣的白玻璃透進來的光——這是精神病房，我腦袋浮出了這個名詞。

我還是看了每隻狗的樣子，有幾隻中型的死命衝撞籠子、狂吠，我這輩子大概從沒見過這麼兇狠的狗。這麼兇的狗世界上有幾個人類有辦法牽出去？

我拍的照片裡有一張「乳牛」，後來我傳給志工組長看，她傳來「牛牛」過去的貼文資料。

標題是：會坐下、握手的聰明乳牛

牛牛因為跟一些狗不合，所以被獨自關在狹小的鐵籠內，

牠年輕聰明，會坐下、握手、換手，親人愛撒嬌，

但有人靠近就會警戒，只要一聲口令就懂，

這麼可愛的乳牛趕快帶回家喔！

天啊，二〇一七年入所！親人的狗！又長得這麼特別，但是，這麼好的狗還是沒有被領養。四年來，牠因為不親其他狗，自己獨籠，就在這個精神病房，一般民眾也看不到牠。

裡面其實有幾隻一聲不吭，很溫和，也長得很好看。只要把牠們單獨拉出去，離開這些瘋狂吠叫的狗，被領養的機會還是有的。可是，這就是天龍收容所的問題，獨籠的狗幾乎無法被民眾看到，跟幾隻惡犬放在一起，還不熟的職員也以為牠們全部都是惡犬。少數的資深志工會進來，後來我聽說，志工自己拍裡面的狗貼文，反應不錯有人要領養，櫃檯的人卻反口問要領養的人：「這隻狗很兇，你確定要領養？」之類的話，最終導致狗和幸福擦身而過。

這隻狗很兇，你確定你要領養？

要看是誰！

今生好好愛動物

櫃檯人員習慣看著狗卡、貓卡說明。卡片上會簡單記錄犬貓的來源、病史、特性，可是我們都知道，大部分的犬貓經過被捕關籠這一個環節，已經驚恐萬分，又是在一個數量密集的空間裡，動物本能表現是兇的（其實是非常害怕）。但總有幾位鍥而不捨的志工在做所謂的親訓，這一定會進步，不見得卡上寫的就是準的，但是櫃檯人員就是公事公辦，看到什麼說什麼。偶爾仔細看他們的貼文，也就是拍一張貓狗的照片。

仙草
編號:110051406（2021年〔民國110年〕5月14日第6隻）
籠號：C6
性別：公
年紀：3-7歲
花色：黑
進所日期：2021.05.14
健康評估：已絕育，初步評估正常 2021/07/12右腿皮膚病
行為評估：緊張緊迫

　　最保守、萬無一失的用語就是「緊張緊迫」，因為志工可以「手摸」，不見得其他人馬上可以，所以最好的看貓、看狗方式是有熟悉的志工在場，或是自己對貓狗有足夠多的經驗，否則你必須清楚知道，櫃檯不是熟悉動物的人，他們只是照卡說話。

　　櫃檯關燈午休時，我沒地方可去，訓練師似乎也沒有自己的休息室，她拿起手機做狗的影片，說，那些影片（貼在收容所粉專的，註明訓練師阿比推薦的）就是她在午休時間做的。

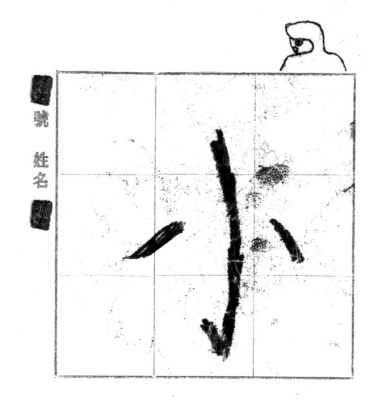

　　阿比自十八歲養了第一隻狗後就被激起想了解狗的動力。她有非常多的相關證照與經驗。

　　「什麼是訓練師？」

　　「就是幫助狗狗和人類溝通。」

　　「發現自己喜歡動物，又發現收容所這份工作可以跟這麼多動物在一起，一定很快樂。」

　　「雖然這環境的種種令人很無力。」

　　「我小時候去過一次收容所，天啊，牠們好辛苦，因此不敢再來收容所。」

　　「民眾最常問的問題是？」

　　「有沒有小狗？」

　　「指的同時是體型小、年紀小。」

　　我連去兩天，真的聽到幾組人都是問：「有沒有幼犬？」為什麼大家、台灣人普遍喜歡品種犬？我也很納悶，品種犬比較聰明、好訓練？不會掉毛？不會有味道？阿比說其實都一樣。

「沒有狗不會掉毛。」

「只是掉毛量的多寡。一隻普通米克斯至少十幾公斤，和那種三、四公斤的紅貴賓比，自然就多了三、四倍的毛量。所以說『紅貴賓不會掉毛』，也是錯的。」

「小型犬幾乎都是品種犬，就沒有五公斤的米克斯。」

「台灣人，至少是天龍人，家裡空間比較小，所以喜歡小型犬。」

原來是這樣。事實也是這樣。天龍人喜歡「小」狗，選擇「年紀小」也很普遍，不想要牠太快離開。但也有人，少數人會來說，就是要「老」的，通常是養過比較多狗的。

為什麼要領養「老狗」？

「老」也不是到極老，但就比幼犬、少年犬穩定，也是給牠一個安老之家。這很重要，因為收容所不是醫院，老犬在裡面很容易受到攻擊，因為變弱了（狗都是「欺善怕惡」的，同一籠的狗本來相安無事，哪一天有狗變老、體弱了，牠就可能被欺負。因此，收容所裡的狗都有被咬的風險，特別是老的、病的）。身體一旦變弱，就可能出現各種問題，如果在家裡，馬上會被發現，可以治療。但在收容所，可能血便很久都不會有人發現。加上所內的狗沒有每天出來散步、聞嗅，身體、心理都很容易出現問題。

「品種犬比較聰明、好訓練？」

「其實有問題的也很多，所內就有好幾隻品種犬是因為咬主人被棄或被退的。」

「品種犬也沒有米克斯好養、好教，是會不會教的問題。而且很多品種犬是近親繁殖，患病的比例更高。」

「沒有狗不會掉毛。」

訓練師在做什麼呢？

早上十點到下午四點的開館時間，她一般忙著服
務民眾，有人要看狗，她要牽狗出來，要教民眾、要介紹
狗。中午後的點交她也要協助。四點閉館後，她還要待到六點。

有一次中午後看點交，就是當天被捕進來的貓狗。阿比很會
看狗，她可以直接手伸進籠子裡摸，我問她，怎麼知道狗會不會咬人？

她說，把手伸進去就知道啦！（開玩笑的）

那天有一隻柴犬，聽說是主人死了，阿比一直牽著牠。還有一隻眼睛像哈士
奇的大狗，有領巾可是沒晶片，阿比也一直盡量陪著牠。

不必服務民眾的時候，她會帶有潛力被領養的狗出來親訓。

我去了十幾次後，才慢慢對狗的狀況有點輪廓。

一般剛被抓進來的狗，第一是掃晶片，有時是沒晶片，但看得出來就是有人養的。比如有戴項圈、有胸背、有小領巾。這時只能等主人看到後出現，非常無奈。這類狗大部分因為和人類接觸久了，不會兇人，但還是會害怕。

大部分進來的是浪浪，第一次和人類接觸就被抓進籠子，帶到一個陌生的環境，和人類一樣，突然被捕入獄，肯定非常害怕。

而訓練師、或是志工們在努力的，就是先挑出對人相對友善的狗，多帶牠出來，拍照增加曝光率。

剛開始來，就是到處巡巡看。

「體型小、年紀小，你知道牠被領養的機率很高，只要再往前一步。」

「很多浪浪個性都很好，意思就是對人、對狗都好，只是太緊張。」

太緊張的狗很多。我去幾次後，發現志工一籠一籠帶出來的狗，會有一、兩隻是「緊張狗」，就是大家都爭著出去時，牠們反而縮在牆角。有些要單獨一隻拉出來也很困難，但和其他狗在一起就可以。或者是，去狗場放風時，「緊張狗」會縮在一邊不動。

阿比說了一個有趣的比喻：

「這一幫狗都是小孩子，有人是『問題學生』，就是很愛打人（咬其牠狗）；有人是『害羞緊張』的；有人是『白目』，就是很愛去打別人然後最後都是自己受傷。牠們和學校孩子的個性、問題一樣，少數是自閉的（會比『害羞緊張』更嚴重一些）、沒有辦法和其他狗住在一起的（會咬人咬狗的、或者會被咬的）等等。」

和人一樣，有人學得快，有人學得慢。

「沒有不適合被領養的狗，只要遇到對的人、對的環境。」

今生好好愛動物

「花很多時間不一定會進步到一般人可以接受的程度，像有一隻叫小邊的狗，花了半年多，牠也和阿比熟了，但是對陌生人還是比較緊張，這樣就『很難出去』。」

「這種是不是沒有人要領養的狗？」
「不是，應該說是『領養率比較低』。」

「沒有不適合被領養的狗，只要遇到對的人、對的環境。」
但這條件也不容易。櫃檯通常會看狗卡說「這隻不適合被領養」，特別是有咬人案底的，可是對阿比來說，「牠沒有不適合被領養」。因為很多人是在還沒有完全了解狗的狀況下來帶狗，「換環境對動物來說就是壓力」、「換環境就是一次傷害」、「寧可領養人多來幾次」。

「你會不會覺得這裡的狗很可憐？」
「狗是活在當下的動物，不會覺得自己可憐。」
「所以你不會用可憐這個字？」
「我會用難過，因為沒有辦法幫牠更多。」
「那隻柴犬呢？車禍癱瘓又被主人棄養的？」
「我會覺得牠很辛苦，因為被主人遺棄。」
「你的意思是如果我們覺得牠很可憐，牠會感受到？」
「會！牠不覺得自己可憐。」
「真的？」
「真的！！！」

阿比主要的任務除了親訓狗，就是帶領養，我也親自見識過好幾次。

「怎樣媒合成功呢？」

「要先了解飼主的需求。」

「但有些人就是說得不清不楚，應該說還不夠了解狗的選項，所以在跟他聊天的過程中，會去試探，像是平常的休閒啦，有些人喜歡去爬山，就會推薦少年狗；喜歡在家裡的，比較多時間待在家的，就可以推薦比較穩定的狗。」

那天來了一位中青男，要體型「不要太大隻的狗、對毛色沒有指定」，阿比介紹了小黑和雯麗。小黑是全黑米克斯，雯麗是橘白，在米克斯中算長得最小的了。這兩隻雖然都是準備好可以被領養的，都是友善的、可以直接摸、直接牽出去，可是牠們明顯的差別是，小黑是親人型，跟你熟了會窩在你附近；雯麗也對人好，可是不會特別撒嬌的那種。拉出去的時候，雯麗只是一個勁地往外衝，人站著牠也東拉西拉，對環境的興趣大於人類；小黑就是一開始不熟，但是會靜靜待在人旁邊的那種。

其實熟狗的人才會看出這種細微的差別，還有身體狀況。小黑有貧血，雯麗出來時拉了泥屎，後來還血便。（我心想，沒有正常的嗎？）

中青男那天看了這兩隻，也拍了照，說要回去和老婆討論。

密切接觸狗又愛狗的她，會不會把這裡的狗帶回家呢？

很克制！

她家裡有三隻了。有一次差一點、已經準備好要帶一隻叫小公主的狗回家。

認識小公主時是傍晚，下著大雨，我陪她在這裡互動。很多時候，阿比會和狗躺在一起，或是和狗被關在一起在裡面滑手機，幫狗拍照。

「當時我在後面，遠遠地就聽到櫃檯廣播叫我。我過去櫃檯和我說，小公主要被領養了！我眼淚就掉下來。拜託他要好好照顧牠。後來我們有留Line。牠現在和一隻貓住在一起，過得超棒的。」

採訪阿比那陣子，她被一位民眾惡意怒罵，對方還要告她。

總而言之，就是一件莫名其妙被汙衊的事。

我問她：「會不會有工傷？」當然，她也被咬過，「那是我自己的疏忽。」她這

樣說，那次是比較嚴重的，語氣中沒有任何指責狗的意思。

　　「如果你以後被狗咬的話，」（我心想，什麼？！）

　　「切記不要硬拉，要等狗自己鬆開，不然會變成撕裂傷，然後一定要去醫院清創。」

　　接著她說：

　　「狗不會對我造成工傷，只有人類會！」

　　「我可以去急診、去住院都沒關係，人類對我的傷害比狗還可怕！」

　　（二〇二三年某月，阿比離職，聽說是不爽櫃檯在背後和老闆講壞話。）

醫助小婷，在職未滿1年

醫助不用受訓，
前三天實習半薪

小婷是兼職醫助，一週只排兩天班。她在外面有別的工作，幫一家公司的老闆顧狗，同樣也是兼職。公司是一般公司，老闆付錢給人排班照顧他的幾隻老狗。

　　她先這樣接觸動物而有了一些心得。

　　小婷讀電影系，剛畢業沒多久。

　　「剛畢業在家裡耍廢，來收容所後整個人充實起來。」

　　「收容所的工作是妹妹介紹的，她說這裡很有趣。」

　　「可以看到很多動物啦，有時一天來了六隻博美。」

　　「醫助不用受訓，前三天實習半薪。」（醫助不用受訓！但志工要受那麼多訓！）

　　「日薪一千三百五十元，全職近三萬。」

　　「我不會做全職，太累了。因為八點前要到，要早起我不太行。」

　　「每天要排四個醫助，很缺人。有時排不出來會叫以前離職的人來幫忙。」

　　「我來這裡之後領了兩隻貓回去，因為太可愛了！」

　　「也遊說老闆收了一隻狗！」

　　她的工作是早上餵前貓舍和狗病房，中午後點交，有排到值日生就要帶貓狗看醫生（把貓狗從籠子裡看用什麼方式，兇的用伸縮黑網、一般的用洗衣袋，帶去所內二診）。

　　那天下午她遛了幾隻狗，四點前她幫忙餵保育室和美容室的狗。她動作非常俐落，幾乎每隻狗都有藥袋。如果是新手，光是搞清楚誰是誰都來不及了，而她已經很熟悉。有些藥袋上的名字已經模糊，她還是認得出來。有些狗她會用長柄湯匙一口一口餵，確保牠們有吃到藥。

　　看到一隻不吃的狗，我說：「牠沒吃耶。」

　　「牠害羞。我走了牠就會吃了。」小婷輕鬆地揉揉那隻狗的脖子。那隻狗，我每次看到牠都一幅驚恐樣，即使已經來這裡很久了。

　　（要把藥袋和狗對上，新手真的會花很多時間，而且很多藥袋上的資訊都模糊到難以辨識、一個籠也不只關一隻狗。）

　　　　　　　　　　　　　　　　　　今生好好愛動物

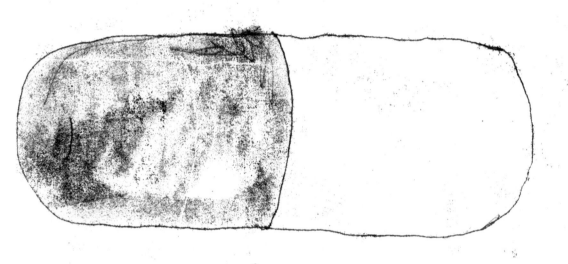

「牠吃完了，不多給一點？」（有些狗秒吃光光。）

「這樣剛剛好，很多狗過胖也會有很多疾病。」

小婷在一個小桶子裡拌入肉泥（別人捐的），她的動作熟練得令我看呆。每份食量用手跟眼睛掂量。

「你剩下這罐頭為什麼不乾脆分完？」（她還再冰起來，明天再用。）

「有這麼缺罐頭嗎？」

「這是餵藥用的罐頭，很黏，所以很好用，現在很缺。」

「現在所內沒有罐頭，這也是人家捐的。」

「一般犬舍沒有罐頭，病房區有，但也是不太好的，吃久了狗也會不吃。」

「這些雞肉是志工給的。」

「有時候會花錢買 7-11 的雞胸肉（一包五十九元）。」

「人吃的，那個很香。」

「為了讓那隻狗吃藥。焦蟲症的藥如果一天不吃就會死。」

「那顆藥很大顆。」

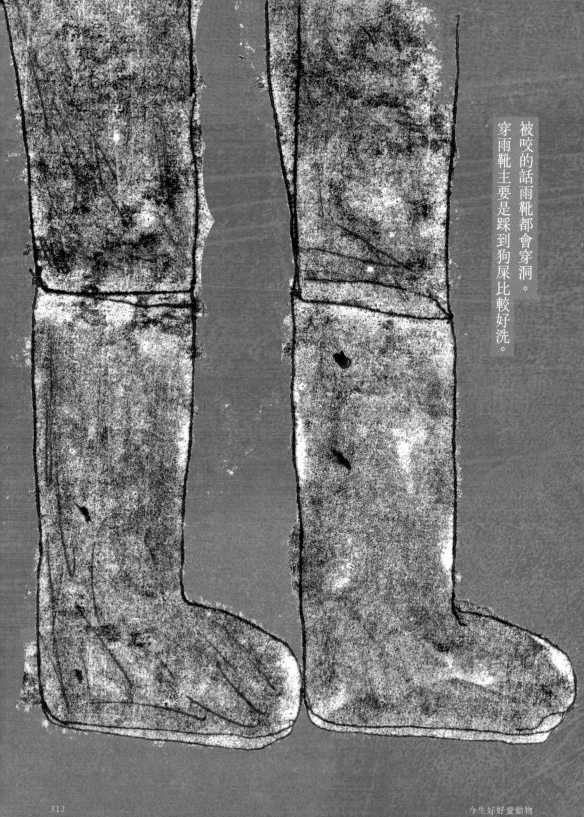

被咬的話雨靴都會穿洞。
穿雨靴主要是踩到狗屎比較好洗。

要把藥袋和狗對上，
新手還真會花很多時間，而且很多都模糊到難以辨識，
一個籠也不是只關一隻狗。

狗飼料的外包裝及飼料房。

「之前有飼料未付費，不可以動。」
「飼料房有老鼠繁殖，很多老鼠屎，臭死了。」
「飼料裡混有老鼠屎，還受潮，還是照餵。」
「有些老狗吃了可能就倒下去了。」
「不能丟掉不用嗎？」
「那量是固定的，不用就沒有了。」

「之前有議員要來，犬舍的狗早上就不給吃。」
（因為一餵完食物，狗就開始尿尿拉屎弄得一團糟。）

「這連身工作服是他們提供的，雨靴是我自己買的。」

「這是防咬的嗎？」

「沒有，被咬的話雨靴都會穿洞。」

「工作服要帶回家嗎？」

「沒，丟這裡，滿了就洗。自己曬。」

「工作服只是防髒的。」

「上廁所很麻煩。」

「我直接脫，拖在地上。」

「這裡（休息室）沒有冷氣，冷氣只有外面那一台。」

「沒有飲水機、廁所，都要到前面（大廳）。」

「這個微波爐是我們自己帶來的。」

工作完告一段落休息時，她會拉幾隻喜歡的狗去休息室玩。

休息室又小又擠又亂又髒，有幾隻他們特別拉出來照顧的狗在那裡，屎也拉在那裡，他們也只是用撿便袋撿起來。

有一隻有心絲蟲的狗縮在角落睡覺，還有也是得過心絲蟲的小黑，現在很親人。

「這裡的動物送出去就醫要等樓上簽文件，沒有當天要送就送的。」

（所內動物如果因為所內醫療資源不足需要外送，必須上簽到組長、處長再回來。所以很多時候是志工帶出去，醫療費也是他們自籌的。）

醫助也要遛狗，遛的數量很少，有時候一個月的量一個下午就可以做完。

我看她把狗拉出去，有一隻被牽繩絆到腳，她也只是慢慢帶著走。

「我不會去撥繩子，因為那樣容易被咬。」

「除了被咬，這是勞力，要花力氣，腰也會閃到。」

在狗病房，她用生理水幫一隻狗沖眼睛，一碗一碗餵食。

她指著下層的一隻狗說：

「牠咬過我，牠以前住在這裡（地上柵欄區），
我弄完出來轉身牠就咬我大腿。」

「後來問訓練師，可能因為我是新來的，
牠要向我警示，牠是老大！」

病房裡縮在下面的一隻小白也是她的
愛狗。進來時是癱瘓的，現在好了。

「這隻小白，有人在就不吃。」

餵食、排值日生（帶貓狗去看醫生）、協助點交、遛狗（兼職一天班是一個月
遛九隻）。

值日生也要協助獸醫師「保定」，保定對牠們很常用。我可是來到這裡才首次
聽見這個中文字，一開始還聽成「綁定」。

（保定Restraint：讓動物在醫療處置的過程中保持穩定。最主要的目的是讓
動物在適當的肢體活動限制下，安全地完成檢查或治療。

——扣住關節，不是硬壓。

——太兇的要拿擋板蓋住。）

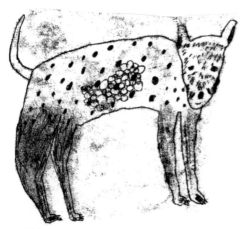

「動物來的前後差別很大。像是有一
隻狗叫葡萄，牠剛來的時候全身都是壁
虱，很可怕。」

「有大傷口、虛弱，吃飯要人餵。」

「後來治好了，下去犬舍了。大概只
要一、兩個月就會差別很大。」

「像這隻小黑，之前很慘，有心絲蟲、
不吃飯。」

　　　　　　　　　　　　　　　　　　　　　　　　今生好好愛動物

「心裡會有不滿，但為了動物還是會來。」

「我沒有看《十二夜》。」（我問了幾位志工，都說不敢看。）

「讓我拍的話，就是呈現狗狗的生存環境吧，擠啊。」

工作人員被咬的機率很高，聽說狗長期缺乏關注也會出現這種原因不明的咬人行為。

就像七百個人被關在一個擁擠的空間，動不動一轉身就碰到別人，吵架、打架的機率也大。

或者是，牠就是不爽，一整天被關在籠子裡，太無聊了。

一有人進來就拚命吠的也很多。他們說，因為狗太無聊了。

「很缺人，不然就是沒經驗，有些直接消失。」

「去年有一隻新來的狗咬了新來的醫助，住院住了一個月。」

「有一隻狗咬新來的清潔，沒有很嚴重，但她就不來了。」

「叫她不可以摸狗，結果被咬。」

「那天的工作就換人做，接著又要趕緊找人。」

看得出來要勝任這份工作也是很需要動用全腦全身。要對上貓狗的名字，認出哪一隻，光是要找到哪一籠在哪裡我都要暈了。滿籠的貓，要把生病的那隻弄出來帶去診察室，這也不容易；餵藥也要敢、快、準。

「死喔，也常看到。像之前有一隻黃疸，送來沒有再急救就走了，直接叫櫃檯來收屍。」

「工作最難的部分，就是像有新狗進來，要放哪裡？」

（這也是動管員最大的難題。）

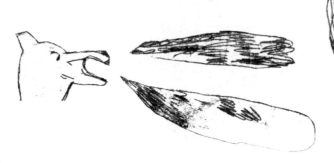

　　　　　　　　　　　　　　今生好好愛動物

（醫助大部分很年輕，雖然沒有要求特定背景，但必需學得很快，身手、頭腦的反應都快才有辦法勝任，特別是要喜歡動物。我跟小婷兩天，感覺到她在短時間內迅速幫助許多動物，雖然是工作，但很能感受到她說的「充實」，真的是坐在辦公室打電腦感受不到的。

　　半年後我再去，沒有看到小婷和她妹妹的身影了，醫助陸續出現很多新面孔。

　　隔了一陣子，我又看見她，還是兼職來幾天。）

「清潔」嘉、心，在職2年多

來這裡久了，
聲音會變溫柔

敞開心房的時間不一樣，
不要吼。不要打。

「我在這裡兩年多，已經是這裡最資深的。」

　　我面前的「清潔」嘉心，沒有我們一般對「清潔」人員的印象。首先她非常年輕，長髮束起來紮在棒球帽裡，工作的穿著以長褲加雨靴為一般裝備，眼鏡和我差不多，講話比我還快，一聊下來就是個聰明人。

　　兩年多的資歷，她晉升到管理單位，成為清潔督導，她自己也還在貓病房區負責清潔工作。

　　「清潔」看起來是一份不需要任何條件的工作，薪水普通，可是這裡不一樣。什麼樣的人會想來動物之家當清潔呢？他們並不是找不到工作，也不是沒有選擇，而是，基本上會來的人，都是愛動物的人。

　　「我面試過四、五十個人，都是自己有養貓養狗，很多一下子就不做了。」

　　「這份工作非常、非常危險。」

　　「要先打破傷風。」

　　「犬舍必須整個人進去。一個原本放一隻狗的隔間現在有四到八隻狗，清潔進去，要把自己和狗鎖在同一個空間，拿掃把、水沖刷地板，把屎尿沖進排水孔。」

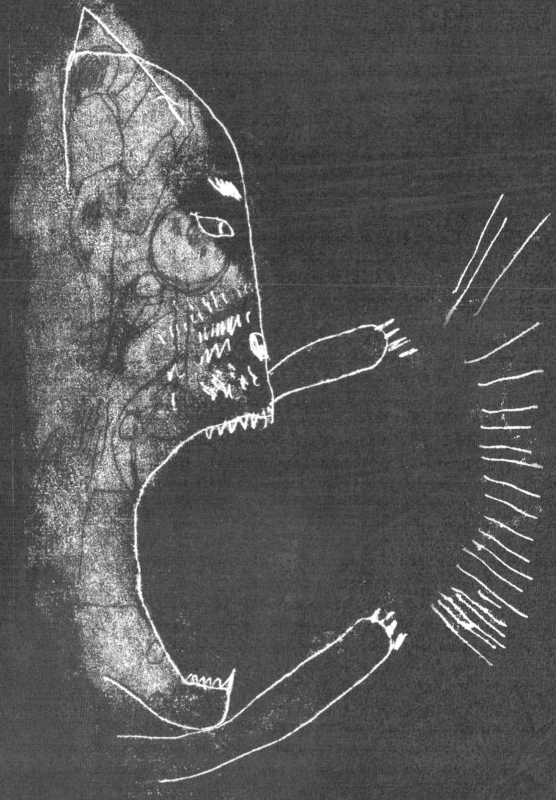

今生好好愛動物

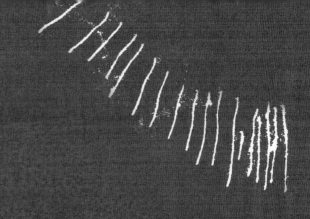

「貓比較不會咬人吧？」

「才沒有！才一個月，我就被咬慘了。」

「七雙手套破掉。我的衣服也被咬破。我第一次知道貓會這樣咬人。」

「兇啊！我不知道貓會那麼兇。」

「那隻貓喜歡出來逛街，我就把門關起來放牠出來。」

「我說，進去！牠就突然跳上來咬我胸口，咬了三下，然後很生氣地進去。」

「我問訓練師，說牠可能是外面的老大，被我吼就不爽。」（後來發現有些貓叫牠回籠時牠會生氣，也會反咬。）

「防咬手套？」

「那個沒有用，我用破七、八個了，它沒辦法很好地讓手指穿進去。」

「我被貓爪釘進指甲過，很痛。保持傷口乾燥，花了一個月才好。」

「或者是拿一個擋板隔、拿一個鍋子擋著，就聽到貓咚咚咚地在打那鍋子。」

那個沒有用，我用破七、八個了。

「我幫助了兩隻貓，送出去了，也是病房的。我就是愛媽，時間到了就提醒要打預防針。他們也都顧得好好的。」

「我自己也認養了兩隻。」

「我剛來的時候有一隻虎斑貓，全身髒，耳朵都是蟲，沒有毛，尾巴沒有毛，都黴菌，牙齒也爛爛的。牠就爬到我身上。」

「我覺得很可憐，就把牠帶回家了。」

「我整整被牠咬了三個月！」

「耳朵都是蟲！眼睛又很髒！都是細菌。」

「身上又沒有毛，然後我還被牠傳染黴菌，會傳染給人，很癢，這裡整個紅一大片。」

「我也是擦藥膏就好了。」

「照顧起來就是，從不吃飯到變得很愛吃。」

「現在牠大概六公斤了。」

「會花很多錢嗎？」

「好好照顧牠其實不會花很多錢，我自己帶牠去看診，因為在病房，比較知道一些東西。」

「我後來又養了一隻，也是病房的。」

「就是感冒不會好。我帶牠回去，現在四年了，兩隻都差不多四歲了。」

「很可愛！」

這裡的貓都是漸進式的，不能一下子摸牠。要先親訓。

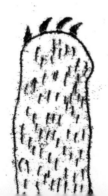

今生好好愛動物

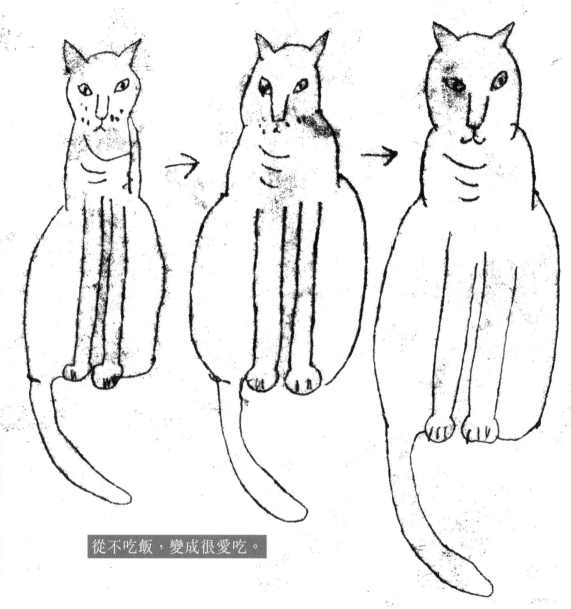

從不吃飯，變成很愛吃。

「這裡的貓都是漸進式的，不能一下子摸牠，要先親訓。」

「通常都要兩、三個月才會親你。」

「帶出去就都好了。食慾回來了，環境改善了，就不會有黴菌或跳蚤。」

「要有耐心啦，你看我被咬了三個月，結果現在愛死我了。」

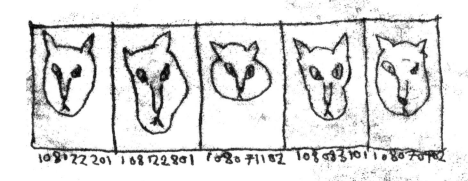

「全部有一千隻貓狗,七百多隻狗、三百多隻貓。」

「每天排班八位清潔,四人分貓、四人分狗。」

「一人一區。我們不要跨區,一方面保護動物,怕有傳染病風險,因為人也是傳染媒介。」

「一方面在自己習慣的區域,比較好專心做事。」

「都是獨立作業,忙完到中午吃飯才會看到對方。或者有人提早來,中午可以回家休息或在辦公室的哪裡休息一下。」

「我們早上就是盡量做。我們有一個循環SOP,就是一路這樣做,八小時。」

「檢疫隔離區特別危險,真的,那些狗比較凶猛。」

「我除了檢疫隔離區沒做過,其他都做過。因為他們說女孩子怕被咬,不好看。」

「都一樣操啦!」

「全部有一千隻貓狗，七百多隻狗、三百多隻貓。」
「每天排班八位清潔，四人分貓、四人分狗。」

清潔的休息室有一半是貓籠，加上另外兩間，有五、六十隻獨籠的病貓。

「我是病房區。這裡大約六、七十隻，這邊的很花時間，因為都是獨籠。」

「一對一的服務啦！」

「一天會清兩次？」

「不只，牠大四次我就清四次，不然牠這樣關在裡面整天屎尿很慘，因為牠們的鼻子很敏感。」

「也因為尿尿大便都是細菌，所以盡量打掃好。」

牠大四次我就清四次。

今生好好愛動物

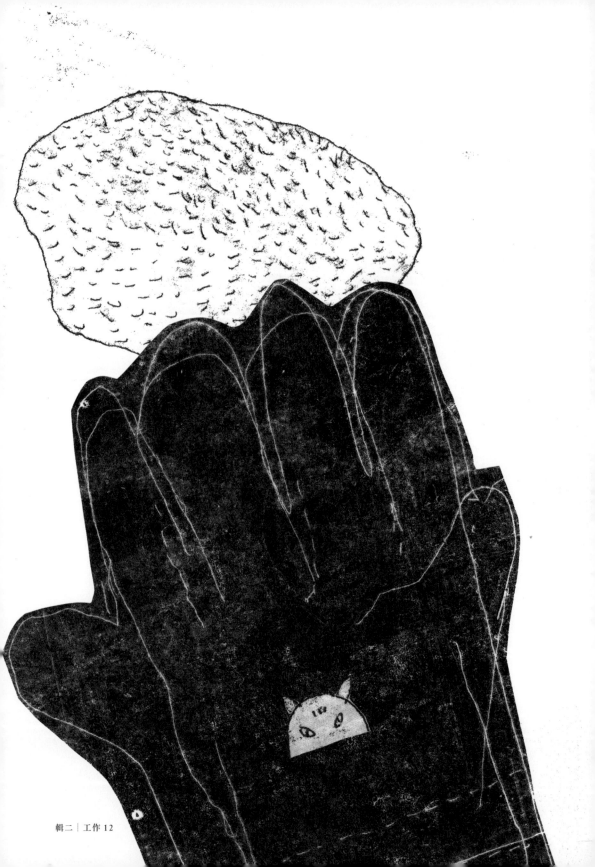

「很多來的人都是喜歡貓狗。」
「但是這裡的不一樣，不是家犬，牠們是浪浪，受過傷，比較敏感。」

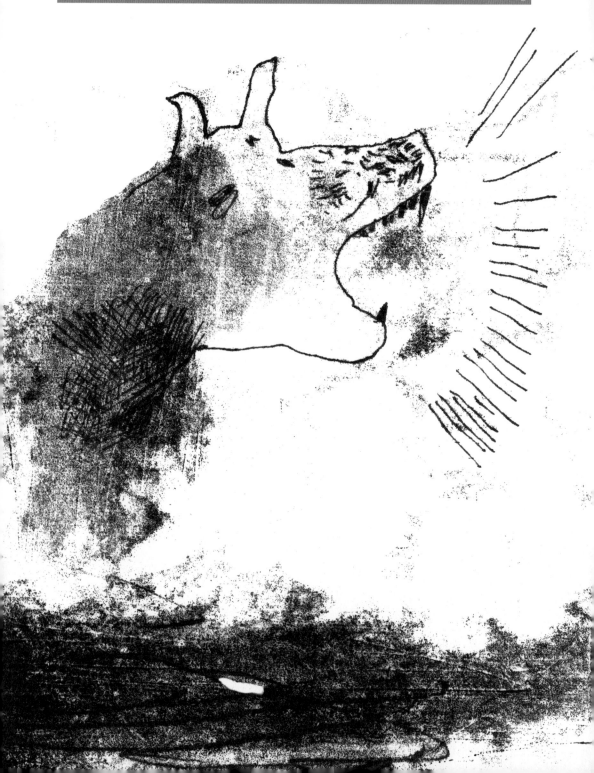

像每摸一隻貓前，一定要洗手。

「新來的會帶、會教，訓練師會去導正。像狗會有一個安定訊號，或者是牠害怕，我們就不要再靠近了。」

「被咬的很多？」

「真的很多。」

（被咬的案例很多，分輕重而已，第一線的工作人員除了櫃檯行政，有接觸動物的動管員、獸醫師、醫助、訓練師、清潔、志工，幾乎都流過血。）

（有一次，我和志工組長說，我很怕被咬。

她說，就是要很小心啊。

我馬上問，怎麼可能每時每刻都很小心？

在收容所就是要每時每刻都很小心，她平靜地說。

後來我也會開籠弄貓了，總是記得她的話。）

「這麼危險的工作，前面一、兩天會先帶新手，教導狗貓的一些安定或警示訊號，但更多時候，這是一份要投入全副心神的工作，要觀察、要小心、反應要敏捷，還要邊學。」

「像每摸一隻貓前，一定要洗手。免得把不知道的傳染病摸到下一隻貓身上。」

「開籠前，當你，一個碩大的人類，站在貓籠前，對貓就是一個壓力。要把身體放低，在貓的視線內動作，動作要很慢等等，其實這都是很專業的，絕對不只是清理動物的屎尿那麼簡單。」

「我們會教，可是人很奇怪，會用自己的思維去和動物溝通，沒有站在動物的角度，嚴重的就是叫救護車送醫。」

「我進來到現在，會一直會去請教醫助、獸醫、訓練師，所以沒有受過很嚴重的傷，就是乖乖聽話，不要去勉強貓或狗，風險很大，我都是輕傷啦。」

「檢疫隔離區那間的狗比較兇也敏感，曾經有一個女生，跪在門口，手全都是血，我馬上叫救護車。」

「在狗的區域，拿水管時用手去撿，這個動作對狗來說就是挑釁。你蹲下來在牠的地盤上撿東西，牠以為你要幹嘛。」

「進犬舍撿水管，這個動作非常危險，狗當場咬她的手甩了幾下，一直甩，她等狗冷靜下來，才跑出去求救。」

「只要是犬舍，我們一定是整個人進去，拿著水管和掃把進去打掃。」

「我自己被咬過一次。我一直推牠進去，牠就往我大腿咬了一口，我褲子也破了。」

「我剛來不懂，我整個拳頭在牠嘴巴裡。」

「不過，因為牠老了，沒有牙齒，我沒受傷。」

「那時候這邊兩片（手臂）全部都是傷痕，現在沒有了。」

「你看我雨靴這兩個洞，就是狗咬的。」

很多人會以為會咬人的狗一定有問題，嘉心還幫牠們說話：

「我這邊案例很多，不一定是動物的問題。」

「很多是我們人不注意，自以為和狗很好。這裡的環境，動物會有壓力。牠今天可能心情不好，像人也會心情不好，就會發生這種事。」

的確，了解動物、愛動物的人都知道，長期被關、沒得聞嗅，特別會對狗造成很多問題。清潔是第一線，每天都要面對動物，動物有什麼「不滿」，人稍不小心就很容易遭殃。因為狗不會說話，「咬」只是其中一個表達方式，不代表牠是惡犬不可教。

「有時候看到高大的人，動物也會害怕。」

「牠會看你的態度，你害怕牠也會害怕。」

「我們後來比較喜歡找壯碩的男生，比較壓得住狗的氣勢。比較小的人就是要很小心。」

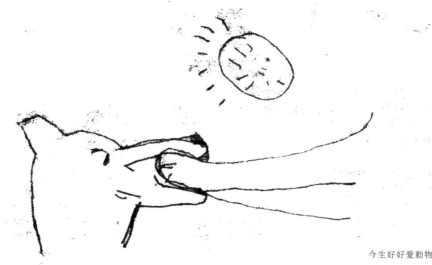

今生好好愛動物

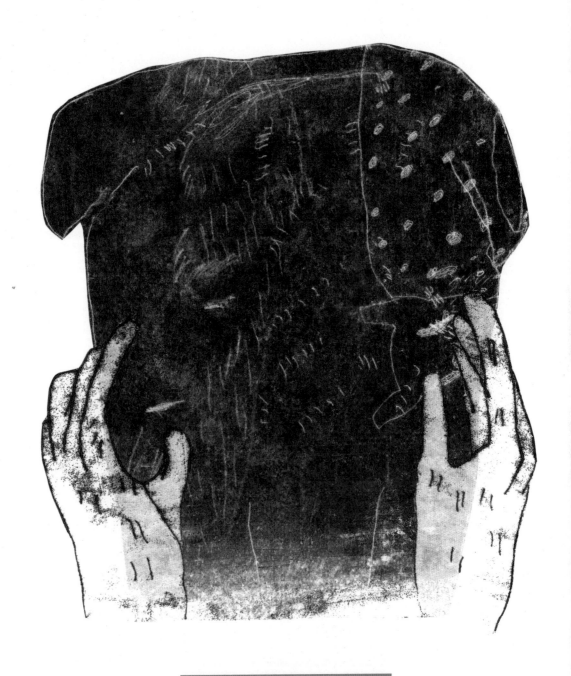

這裡的環境，動物會有壓力。

「前年過年的時候，有一位五十幾歲，看起來很陽光的大哥，他滿腔熱血地說，想要來這邊為狗服務，結果一個早上他突然求救。」

「我們有教，狼犬比較好動，打掃時先把狗放出來，就是讓狗在外面玩，跑累了狗一進去，你人就要馬上出來。」

「結果他掃完不知道怎樣，狼犬跟著他進去，要玩他，就咬了他的屁股大概一、兩分鐘。出來的時候他背後衣服整個是叉開的，屁股十幾個咬痕，都是洞，看得到裡面的內褲。」

「後來他就不做了，和我說門檻太高了。」

「這個工作不只是要會清潔就好，要有膽子，還要真的喜歡動物，不然做不下去。」

「被咬過就不會再來了吧？」

「對，被咬的都不來了啦。」

「如果有人被咬，當天的工作怎麼辦？」

「我們會幫忙分掉，大家不會計較。」

「如果有人臨時請假，我們其他人也會分掉，有人路上發生什麼事，或者前一晚不舒服，就先問住附近的同仁要不要來上班，或是一人分一點把它做完，一定要做。」

「大家都是願意來，願意幫忙，不會那麼計較。」

「這裡的人其實很好。」

「大家都是為了動物來的，不會說我多做一點、少做一點這樣，因為這是在照顧生命。」

「你怎麼知道下一秒牠會吐、會血便、會癲癇發作，要趕快叫醫生。」

「常會看到突然死掉的，在病房最常看到。這邊的貓狗比較虛弱，有些車禍，有些可能一轉頭牠就突然走了，就是張開嘴巴，走了，要趕快叫醫生來，做回報。」

「清潔最容易看到，對！非常常！（他們和動物相處的時間最多。）」

「有些貓到後期吃不下，開始吐，或者黑便、抽筋，就要趕快叫醫生。」

「醫生是八點到，有些七點就到，所以我說這邊的人不會最後一秒到，通常都會提早到。」

「我們也會難過啊。會啊，非常，有感情的。」

「我會和牠們說，辛苦了，好好走。」

「我會和牠們說，辛苦了，好好走。」

當天距離下一位要來面試的人還有一點時間，嘉心關好門，帶我去看「會走出來的貓」。

一籠一籠雙層並置擁擠的貓病房，中間只剩下一條一個人的走道。嘉心直接坐在地上，地上其實難免有人會踩到狗屎又走過，我都不敢坐，她穿著牛仔褲就盤腿坐在一個貓籠前，把門打開。那隻貓窩在塑膠盆裡，那些盆是清潔自費、自己去找的，因為他們知道貓喜歡有一個被包圍起來的形狀比較安心，而且要等所內採購東西太慢了，他們有時會找志工幫忙，有時就直接看貓需要什麼自己去買。

「我是牠們的僕人。」嘉心說。一開始我還不是很懂。

「親親要不要出來？」

背著門口的親親回頭看一眼，沒有馬上出來，嘉心又叫了幾次。

接著，不可思議的畫面出現了，那隻叫親親的貓緩緩起身，走了出來，直接踩在嘉心的腿上，穩穩地在她大腿中間坐了下來，窩在她身上，像個國王一樣。親親的耳朵有半邊是皮膚病。

嘉心叫「親親、親親」，牠就像國王一樣掃了幾下尾巴。

讓牠坐了好一會兒，「親親要回去囉！」當嘉心的手稍微靠近親親的頭時，她還兇了一下，作勢要咬，感覺在說：我坐得正爽，你叫我回去？這個時候，我才懂貓是主子的意思。

嘉心輕輕地抓著貓的後脖，抱起貓送回籠。

「手縮回來要快，牠可能會反咬。」

我看著一切，又佩服又驚訝，佩服的是她的技巧，驚訝的是──清潔可以和貓這麼好！實在太驚人了，我自己和貓相處多年，還沒遇過有一隻貓會自己走到我大腿坐下來的。

接著，她洗了手，噴消毒全身。

「那手不是要一直碰水嗎？」

「對。」她伸出手，「手絕對不可以受傷。」

安安後來因為尿道反覆發炎，被溫蒂送去外面醫院治療，同時也積極幫牠找家，希望牠不要再回收容所。
癱瘓貓要找家非常、非常不容易。當時有線人告訴溫蒂，去找某某，這人很會照顧癱瘓貓，只是她很低調，怕大家找她。
溫蒂主動聯繫了某某，又由業界有名的尤司機把安安送到高雄。安安被領養了。
（這是當時牠在外面醫院，我去看牠時拍的。）

　　那天嘉心還摸了一隻癱瘓貓。

　　「當你發現有動物會看到你才吃飯，我跟你講，你就會自動花時間，或是下班時間，私底下去陪牠。」

　　「畢竟每天被關，其實很可憐。」

　　「我摸摸牠，牠就會吃了。」籠子前吊著一截一看就是被貓玩到散掉的尼龍繩。

　　那裡有四隻癱瘓貓。

　　「貓一開始很兇，久了就會變得撒嬌。」

　　「安安，牠一開始來很有名，要抓要咬，所有人都被咬慘。手都會噴血。現在給摸了。」

　　「這裡，地上都是血。」

　　「貓的個性會變啦，貓也會認人的。」

　　「從來沒有想過要花半年。」

　　「敞開心房的時間不一樣，不要吼、不要打。」

　　「這隻叫丁丁，本來很瘦的。」

　　那幾隻癱瘓貓，真的很可愛，也都給摸。嘉心拍了牠們的影片給志工，希望癱瘓貓也能找到一個家。

「我記得很清楚，有一個男孩子，他好喜歡動物，負責病房區的清潔。」

「一直做，不休息的。」

「有一天他跟我說，我看不見陽光，在病房他不快樂。」

「他要離開這個地方。」

「不到半年他不做了。」

「我沒關心到他的心理層面。病房是比較沉重啦，會看到很多不舒服的貓狗。」

「男孩子也會這樣。」

今生好好愛動物

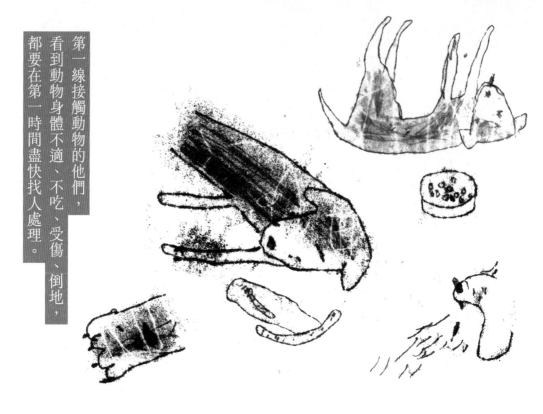

第一線接觸動物的他們，看到動物身體不適、不吃、受傷、倒地，都要在第一時間盡快找人處理。

除了被咬的風險、情感的壓力，最主要的還是體力。

「體力活，要站、要蹲。」

「很多人來兩、三天就受不了。」

「剛來的你看到四點就在吃便當，回去七、八點就睡覺。」

「然後五、六點就要起床。」

「還有就是要適應味道，有些人會不舒服、會想吐。」

「你十點進來聞到的這個味道已經少掉很多、很多！」

「你可以早上七點來聞聞看。」

早上七點，或者更早，無論寒暑，都有八位名為「清潔」的工作人員最早到動物之家。在十點開館前，他們已經工作了三個小時。

第一線接觸動物的他們，看到動物身體不適、不吃、受傷、倒地，都要在第一時間盡快找人處理。

「我們是在照顧生命。」

「不是只有清潔。」

「我們應該是動物服務照顧人員，因為我們的確是在照顧牠們。」

「除了清潔，我也會注意牠們的身體狀況，有沒有嘔吐、拉肚子，就是身體訊號嘛。身上有沒有被咬傷，有的話要趕快通報。還是身上有蟲、糞便有蟲，或者身上爬了什麼東西，都有可能。」

「不單純是清潔，還要注意牠們有沒有吃飯，因為我們是最早上班的，七點上班。可我們很多同仁可能五點半、六點出頭就來了，這是真的。」

「七點來也做得完。我們一人一區，你幾點做完，自己抓時間休息，一定都準時下班。」

「早點做完比較不會有壓力，心情也比較好，因為助理八點會來餵食，他們有些會提早到。我們把環境清出來，讓他們踩踏沒有屎尿。尤其貓或狗的布都是屎尿，我們要先把它抽起來。不然整個環境很髒亂。」

「這邊很多跳蚤。」
「所以我們身上不時會一陣一陣癢，很習慣了。」
「覺得癢就噴噴酒精。」
大到皮破血流，小至跳蚤、蚊蟲，都很可怕吧。

我也深深認同到不能再認同。在動物收容所的「清潔」，他們的專業絕對不容小覷，不是隨便一個人都可以勝任的。他們絕對大於、不只是「清潔」二字，叫「清潔」有「污名」到他們了。
「應該叫動服員」，她說：「動物服務照顧員。」

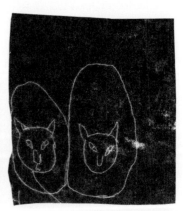

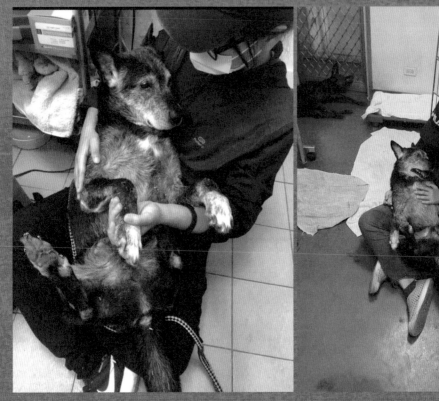

嘉心：「謝謝海豹把最可愛的一面留給我。」
（照片提供：嘉心）

　　如果你看過他們對待動物的樣子，像是幫動物擦鼻涕並不是他們份內的工作，他們負責的原來只有屎尿；和動物溫柔的說話也不是他們份內的工作；買玩具、墊子也不是他們份內的工作。

　　嘉心身上有種特殊的、懂動物的天賦。有一隻「沒人可以碰，很兇、會咬人」的病房狗會認她。那隻狗會以狗最放鬆的姿勢，四腳朝天，像個大孩子一樣躺在她懷裡給她抱。

　　　　　　　　　　　　　　　　　　　　　　　　　　　　今生好好愛動物

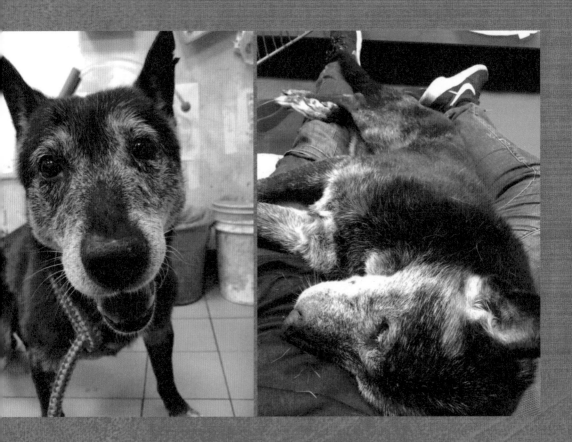

「有一隻狗已經認我是媽媽了。牠很兇，咬醫生、咬醫助、咬工作人員、咬貓、咬狗。」

「像牠那個樣子，其實很多人都會怕，一直要咬人，當然會怕。」

「老狗狗，可能七歲吧，很會撒嬌，我可以抱在身上，像小孩子一樣。通常願意這樣，是代表牠很信任這個人。」

「牠只認我，這個我覺得蠻感動的。」

（海豹於二〇二二年三月二十日於收容所離世，嘉心最後一次抱牠是十八號，她說那天牠特別撒嬌，整隻躺在她大腿上。）

「我們是在照顧生命。」
「不是只有清潔。」

　　看到的人都會覺得很不可思議。我不騙你，採訪她之前，我跟過醫助，餵到那隻狗的時候，醫助說：「這隻狗很兇，咬很多人。只認一位清潔，我們會拜託她遛牠。」而且，通常是用餵食來建立關係，可是，嘉心並沒有餵食（醫生、醫助、志工才有），很不可思議吧。

　　她因為個人生涯規劃，目前只有一天在動物之家當班，不過她幾乎每天都會過來，看看這些需要她的貓狗。好在她住得很近，「有狀況也會來。」

　　和其他很多所內人員一樣，最心痛的是看到因為爆籠導致的犬隻互咬傷害，或老弱狗的生存特別辛苦。

　　「這隻大頭，名字是我取的，只有三隻腳，下犬舍後又回到病房，不明原因站不起來。現在倒在那裡，只能把牠抱起來，全身都是屎尿。現在要抱著餵牠。」

　　（後來大頭被徐文良接走。）

　　「本來是好好下犬舍，要被領養的。」

　　「不知道發生什麼事，就癱了。」

　　「不知道發生什麼事？」

　　嘉心默默點頭，沒有多說。我懂的，七百隻狗，誰知道發生了什麼事呢？

　　「有些被送到病房沒多久就走了。」

　　「看過太多，很多感觸。」

「那些貓為什麼一直叫？」

「有些是無聊，有些是不舒服。聽起來是無聊。」

「很奇怪，我人一進去牠們就瞬間安靜。」

「有些貓吐，我進去牠就吞回去了。」

「有時候動物不舒服，牠不想給你看到。」

「終於給我錄到有在吐、咳嗽或幹嘛，就要給醫生看！讓醫生去做判斷。」

之前剛好看到另一位「清潔」見一隻老狗腳沒力了，在水泥地上一直快滑倒，和嘉心說，嘉心就去找資源。這些都不是他們份內的事。

「來這邊，每個人都要很強。第一要適應環境，第二要體能好，第三要忍受味道。」

「我看了好幾個面試者，臉都很臭，跟我說，這裡很臭，他們會想吐。」

「很多人沒辦法適應這裡的味道，因為這邊太多隻動物了。」

「不只清潔人員，願意來這邊上班的，其實都很難得。」

今生好好愛動物

「感覺你很喜歡這份工作？」

「我超愛的！我不知道我會這麼喜歡，很牽掛，甚至下班累得要死，也要過來陪一些比較認我的動物，看牠們吃完飯，逗逗牠們。」

「來這裡久了，聲音會變溫柔。」

領養率真的很低嗎？

側寫

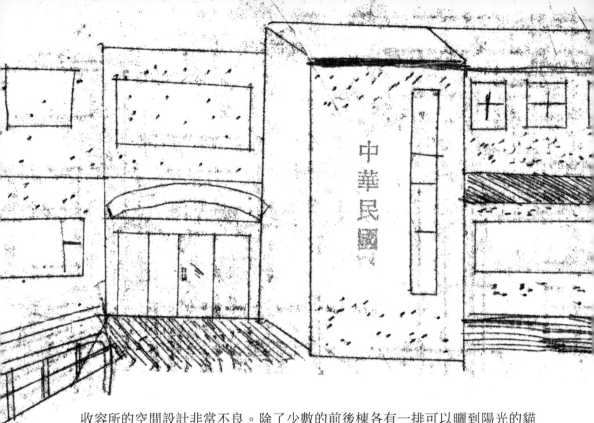

　　收容所的空間設計非常不良。除了少數的前後棟各有一排可以曬到陽光的貓舍（各只有四、五小間），其他都是一間一間密閉、四面牆的空間。除了狗吠聲在裡面反彈轟炸，動物在裡面經年不見天日、曬不到太陽、聞不到風的味道、草的味道，就算有空調，一進去都會聞到「收容所的味道」。

　　所以，收容所的本名叫「動物之家」，可是我每回提到都不想用，因為那裡根本不像「家」，又是一個假的、偽善的名詞，你不會把監獄叫做「犯人之家」吧？我注意到很多人也不說「動物之家」，志工都簡化成「天收」、「板收」。連和收容所最熟的志工自己的線上送養平台都叫做「天龍收容所貓情報」、「天龍收容所狗情報」。

　　裡面的官階就是公家單位的典型，管志工的叫做「志工督導」。從志工室的佈告欄上我看到每個犬舍的「動管員」名字，發現七百多隻狗不過只有兩個「動管員」的名字。什麼是「動管員」？字面上是「動物管理員」，為什麼不是「動物照護員」、「動物保育員」？官名職稱雖然只是一個名詞，可是潛意識也影響了工作態度吧。把動物當物流、貨物一樣管理嗎？而且五百多隻狗才兩位「動管員」，那真的是把

狗當貨物一樣管理了。「管理」的原則基本是標準化，比如吃的東西都一樣、統一
不遛（遛狗基本是志工在做，醫助貢獻千份之一，和志工的遛狗量相比的話）。

　　開館時間，還沒見過狗動管員身影出現在犬舍，他們在開館前後餵食。所內
獸醫在二樓，聽說他們基本是在處理行政、叫藥之類的。動物不會被帶上去，我
也沒見過他們。有一次見到了，他們正準備開會，在弄簡報。貓咪動管員就比較
常見到，見過幾次她在「移貓」，她會盡量把顏色淺、較有潛力被領養的用洗衣袋
帶到前貓舍，因為大部分的民眾不會走到後面，這大概是曝光率原則吧，前貓舍
空間也稍寬一些，參觀起來比較舒服一些。

　　我自己也不是很喜歡去後貓舍，主要是後貓舍緊鄰病房及隔離區，裡面的貓
不停發出令人心寒的叫聲，此起彼落。有時在那裡一下子，就會覺得精神耗弱，
老志工說後面是精神病院。

　　每次洗圍兜被逼著進到美容室，那裡更可怕，滿地的狗，癱的、病的、老的、
傷的，那裡是地獄。我出來後和志工說，不料她說，美容室是志工最關注的地方，
那些狗都會被照顧到。

　　後來，翻過歷史才知道，透過溫蒂口述，以及前前志工的線上紀錄，之前很
多狗是沒有被注意到的，比如拉血便、失溫、被咬傷……太多在沒有人看到的情
形下就死了。

領養率真的很低嗎？

某天十點，我到收容所時發現有一對夫妻比我先準時到了，原來他們想領養一隻昨天剛開放領養的紅貴賓。紅貴賓只要一出來，都會有人來看，還不只一組人。那隻紅貴賓的來歷我不清楚，目前眼睛有點小問題，要持續滴眼藥水，最大問題是會吠叫。訓練師阿比和那組人介紹狗時，櫃檯電話響起，櫃檯說，現場已經有一組人在互動。

「狗叫的間歇，要馬上獎勵牠，牠就不會一直叫，牠會有停下來的瞬間。」
訓練師在教他們。

後來，領養成功，看他們把紅貴賓牽走了。
「品種犬、幼犬是民眾的優先選擇。」
「之前有一隻巴哥，四、五十人線上抽籤。」訓練師說。
在遛狗場的志工看到領走紅貴賓的人，說他們之間就來過，想要小型犬，不一定是紅貴賓。
那麼，你知道收容所裡的大宗，就是中、大型狗，對天龍市民居住空間小而言，養中、大型犬確實不容易。我現在手上中途的這隻中型土狗十四公斤左右，在我這個社區、我的左右鄰舍，看不到一隻比牠大或是和牠差不多的狗。

有一次，我在天龍的一處親水公園，看見柴犬的「同樂會」。草地上十幾張野餐墊，十幾組人、十幾隻柴犬。我看傻了。他們私下「配種」的吧？果然是「品牌主義」。喜歡品種犬無論如何也是一種外貌主義，柴犬也不一定性格好，收容所裡被棄養的也有。
米克斯會亂尿尿，柴犬也會亂尿尿，也會訓練不好。

　　　　　　　　　　　　　　　　　　　　　　今生好好愛動物

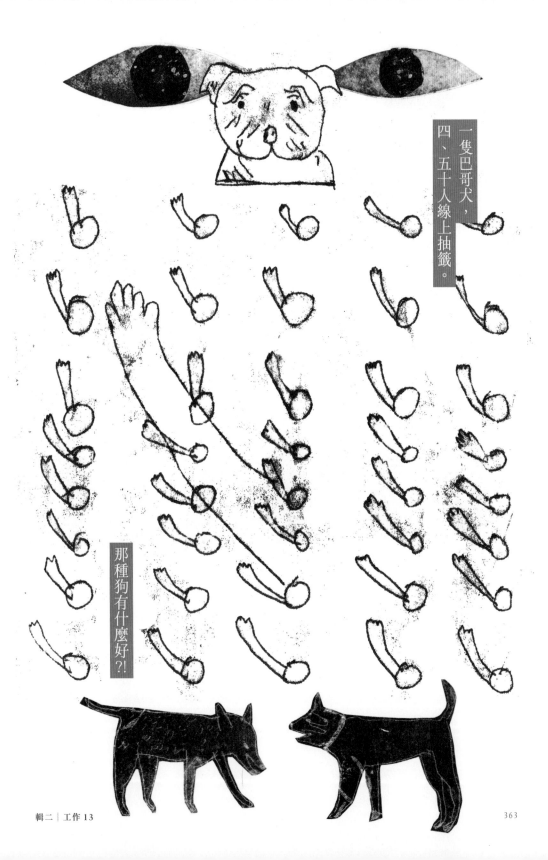

一隻巴哥犬，四、五十人線上抽籤。

那種狗有什麼好?!

三百多隻貓一個早上就有兩組人空手而回。

中華民國

　　某天早上十點我到的時候，大廳異常地人很多，很多的意思也不是一般銀行郵局那麼多人。因為平常是沒有人的。但志工們完全不理會這些事，所以我也沒去留意，雖然心裡很好奇。後來才知道是有貓要抽籤。

　　後來我在外面遇到一位阿婆，她一臉想找人傾訴的樣子，和我說她領回去的小貓死了，要再來領一隻。櫃檯一下說半年才可以再領，一下說兩個禮拜。她隨手滑了手機裡的照片給我看。她領回去她女兒在林口養的。照片中的小貓很瘦，應該是本來就生病了，他們有帶去看醫生，還有健檢。醫生說有黃疸。這也很難好，走了也不能怪阿婆沒有好好照顧。

阿婆說貓的東西也買了三千多塊，就想再養一隻，她要看小貓。

櫃檯說沒有，叫她上網看。人都來這裡了還叫人家上網看？不是很莫名其妙嗎？

我也搞不懂。怎麼可能沒有小貓？他們是收到哪裡去了？叫人家上網看，看什麼網站也沒有秀給阿婆看。後來我問訓練師，她說，可能是看收容公告，那些貓還在隔離中沒法看。後來我問動管員，貓進來要先隔離？他說，沒有啦，我們根本沒地方隔離。無論如何，一家有三百多隻貓的收容所，讓想養貓的人空手而回？

接近中午，我在樹下發呆。看見兩個女人提著空貓籠出來，當下外面酷熱，一個人都沒有。我忍不住多管閒事去問：請問你們是來領養貓的嗎？

對方還不太信任我，說是他們有朋友說有貓，就不在這裡領了。

後來又說，是來參加小貓的抽籤。有四個人抽，沒抽到。

「什麼貓啊？」

「就一般的米克斯啊！」

「沒有別的小貓了嗎？」

「櫃檯說還有另一隻，但沒有很親人。我們沒有把握養那種。」

我滿腹狐疑。什麼？！三百多隻貓一個早上就有兩組人空手而回！明明在〇〇室滿地都是貓籠，就是因為爆籠沒地方放了，他們將就把一大堆貓，至少二、三十隻吧，放在本來不是放貓的空間，因為那也不能公開，他們沒有積極安置在可以讓民眾看得見的地方。我看到清潔人員推著一大堆貓籠底盤進去，也偷瞄到地上放了一個個籠子（隔了兩個月吧，那些貓「被清掉了」，我也很狐疑，不過那也是好事，至少不會是拿去安樂）。

某天上午，兩位女生拿手機說：「要看這隻貓。」

櫃檯冷冷地問：「晶片號碼是？」「不是這個，是有〇個數字的。」

之後回答：「牠有晶片，現在在等絕育，還沒開放認養。」

就沒有了！

兩位女生默默地進貓舍繞了一圈，就離開了。

櫃檯明明可以問，要找這種花色的貓嗎？可以向她們介紹別的。這不就跟買

東西一樣，進到店裡，店員會問要找什麼？哪一類的？特別是當賣場太大、品項太多時，店員有沒有介紹真的有差。何況是這種個性很強的，就像女生買衣服一樣，店員靠過來介紹你幾件、試穿幾件、稱讚幾句，很多女生就會買單了。

可是，他們坐在收容所櫃檯，比銀行櫃檯更冷漠。那些單位還會制式地說，還有什麼可以幫你的嗎？連便利商店都有店員滿意度選項。

我看到去打預防針的人、去領回狗的人，櫃檯都沒有多說什麼。

至少可以說一聲，被你照顧得很棒、很可愛之類的，都沒有，就這樣冷冷的。

又一個上午，有一位女生一大早就來看狗，櫃檯只是發一張號碼給她，她看了大半天，拿了張狗卡到櫃檯。櫃檯說，這隻不親狗。結果她就離開了，她是要找一隻可以和她現在那隻玩的狗！

她離開時，我又在樹下發呆，才知道了這些事。她說，她之前在這裡當過清潔人員，第一隻狗也是這樣領養的。當時訓練師不在，我身邊也沒有志工可以協助，幫不上忙。後來知道了，親人的狗多得是，至少比親人的貓多，為什麼？為什麼？沒有人可以介紹呢？

讓民眾自己看的命中率很低吧。這種事就是要有人在旁邊討論、鼓勵。至少一進來，櫃檯可以做一個表，請對方勾選出要找的類型，像是：小型犬、中、大？毛色？年齡？親人、親狗？

一般人看不懂狗卡、貓卡，第一那卡片很爛，就是用久了整張紙況非常不堪，再來是字很小，再來是術語很多，特別是病史那欄，而且很多卡上的照片已經模糊，加上狗貓的臉特徵沒有人類明顯，要我找出哪隻狗是哪張卡我完全不行。更何況是對一個第一次來、第一次面對這麼多狗的民眾，就叫他們自助、自便，而且人家想要領養耶，服務本來就應該要有。櫃檯明明有三、四個人，還有多一個坐在旁邊只發號碼牌叫人家量體溫。

來的人就是想領養，很少會是純參觀的吧。至少平日比較少，而且很容易得知。貓要帶貓籠、狗要自備牽繩，問一下就知道了。

我的側面觀察，櫃檯真的非常冷漠，錯失很多領養機會。

又一個下午，有位男士進來，給櫃檯看他想要領養的貓。

長頭髮的櫃檯人員說，這隻在病房，是隔離區，不能看。

就沒有了。

男士說，他還是想看一下。

櫃檯人員沒有再理他。

我當時還非志工，無法介入。

男士後來離開了。

*

又一次，有位男士興沖沖進來，秀手機給櫃檯看。

這隻在後貓舍，我們這裡的貓沒有互動的。

你去把牠的貓卡拿過來就可以了。

男士站在那裡有點困惑。

我心想，如果櫃檯四個人只是說，這隻在後貓舍，我們這裡的貓沒有互動的。

不如放一個機器人在那裡說這句話就好了。

有次志工組長見到一位要來實習的新志工，她親自把她帶到後貓舍。如果是櫃檯，只會說，在後貓舍，這裡直走上去斜坡就是。

我心想，人家是來領養耶！來領養的耶！！！！！

> 領養應該是一件開心的事，
> 可被這些官腔、官調破壞了。

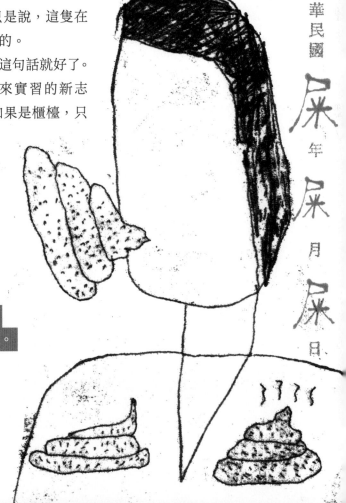

中華民國 110 年 9 月 17 日

臺北市動物認養申請書（第2頁）

本人 _____ 於110年9月17日認養收容編號：10807110.9 □犬 ☑貓1隻
（晶片號碼：900B000238092），並了解以下動物狀態，願以簽名切結確認：

項目 （承辦人勾選）	切結事項
☑不適認養 切結 □無此情形	本人已獲知將認養之犬（貓）經評估具下列情形： ☑具攻擊性 □年幼不易存活 ☑狂吠不止 ☑神經質、性情不穩定 ☑健康狀況不良：110.7.11危傷回左前肢截肢 　　　　　　　　　　　　　　　　　　110.9.17 FRV ☑其他： 　　暫時不適合民眾認養，但仍願意認養，如該犬（貓）造成本人或他人生命身體或財產損失時，願自行負擔一切法律責任，且放棄向貴處及處理人員主張法律上之任何權利。
☑動物歸還 切結 □無此情形	本人已獲知將認養之犬（貓），於臺北市動物之家收容未滿6個月，倘若於法定期間內，有原飼主持身分證明文件等證明該犬（貓）屬其所有，本人即刻歸還該犬（貓），並願放棄向貴處請求任何損害賠償及其他一切請求權。 　　另依據民法第805條第1項規定：「遺失物自通知或最後招領之日起6個月內，有受領權之人領養時，拾得人、招領人、警察或自治機關，於通知、招領及保管之費用受償後，應將其物返還之」，本人已知悉以上條文內容，若6個月內原飼主主張返還該犬（貓），本人願依民法規定辦理，若因動物返還發生爭議而衍生後續之法律追訴問題，本人願付一切法律責任。
認養後家訪 方式調查	本人同意貴處以下列方式：（可複選） ☑電話訪問 ☑簡訊或電子郵件（信箱：_____） ☑到府服務 持續關心被認養犬（貓）回到家庭的適應情形，及提供適當正確飼養的協助。

上述事項已閱畢，並願簽名切結確認了解：
此致 臺北市動物保護處　認養人或受委託人（簽章）：

······················ 以下欄位由動保處（臺北市動物之家）承辦人員填寫 ······················

狂犬病牌證號碼 １１０A050395	□未滿8週齡，或□不宜施打 應於　年　月　日前完成預防注射
□動物不適合立即植入晶片。	應於　年　月　日前完成寵物登記
□動物未滿6月齡或健康因素未經絕育。	□應於　年　月　日前完成絕育 □應於　年　月　日前免絕育申報

是否符合「臺北市公立動物收容處所動物認領認養辦法」第5條規定？
☑是，符合規定並同意認養。
□否，不符合規定，故不同意認養。　　評估（承辦）人員：

　　　　　　　今生好好愛動物

我自己為了親身體會，二〇二一年中秋前夕領養了一隻三腳貓。

巧巧兩年前被捕入所，應該是車禍重傷，有一隻腳被截肢了，後來還有背傷縫合。現在已經沒有人知道牠當時的慘樣了。牠很可愛，三隻腳並不影響牠的生活，只是外觀上少了一隻腳而已，但是，櫃檯就是勾了「不適認養」切結，還勾選了很多看起來很嚴重的字：「具攻擊性」、「狂吠不止」、「神經質、性情不穩定」、「健康狀況不良」……

當然想想就知道這是官僚做法，他們認為先把醜話講在前頭可以萬無一失，但是如果你稍微（只要稍微）了解過這隻貓，就知道這些都是對貓的莫須有標籤。可能無論哪隻貓狗，他們都是坐在那裡跟你用機器人的聲音覆誦這些警告、切結、聲明。我真的很想跟他說，夠了，你們為什麼要說那些影響領養情緒的話？領養應該是一件開心的事，可被這些官腔、官調破壞了。

我生平第一次感受到殘疾的歧視，三隻腳被視為「不適認養」？不是應該相反嗎？應該鼓勵領養殘疾動物。櫃檯人員還說，因為牠是殘疾，退回來要收一萬元（一般貓沒有收那麼多）。

二〇二一年十二月十九有九個人來抽籤一隻叫橘子的貓，很活潑，可以抱的，結紮好的。另外八個人就空籠回去。不覺得這樣的事情很奇怪嗎？明明有上百隻貓，但是他們選不了？

（後來我一再見識類似的事，不是沒有人要領養，而是大部分的貓難度高，一般民眾不願意付出心力和時間，他們要一隻帶回去馬上就可以很親近，可以摸、可以抱的。事實上，貓到新環境都會緊張，可能會哈氣、可能會出爪打人、可能會叫整晚，可是這只是一個磨合期。也有完全沒有難度的天使貓，可是機率真的不高。）

採訪過程、觀察、親身體驗

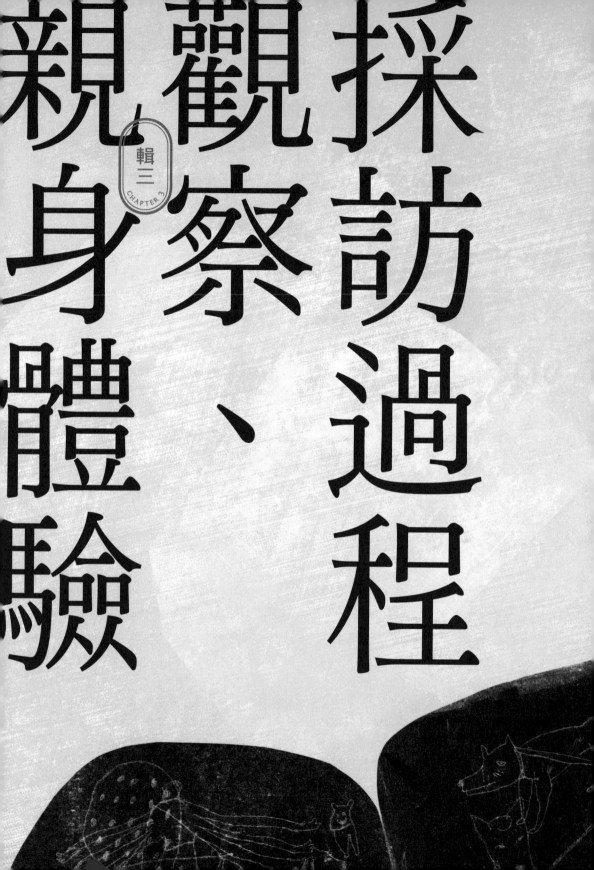

Calling & job

呼喚與工作

收容所的惡是必要的嗎？

成為志工的開始

世界上的每一個生命都應該享受到陽光與自由。

這裡……

陽光？沒有。

自由？沒有。

完全沒有。

牠們不是睡著，也不是醒著。

牠們不像死了，也不像活著。

*

二〇二一年底，我終於等到志工的招募。這年上半年因為疫情停招，八月多開始趨緩。

十一月時，志工組長和我說，招了，你要去報名。我原本還以為我一直有在追蹤動物之家的粉專不會錯過。不過怪的是他們沒有貼文，看起來完全沒有在積極招募，在動物之家的官網也看不到，在動保處的首頁也沒有，要自己去點「公告事項」才會看到。到底誰會看到啊？（後來這梯次有二十位報名，年齡層大約二、三十，很年輕，我隨口問了幾位，都說是已經關注很久了。）

我在這個案子之前就想去當志工，不過根本找不到入口。打電話問過什麼時候會招，但答案也很公家，就說會在官網公告之類的。其實他們很清楚是固定幾月會招，但回答你的人就是官腔，講了等於沒講。有一次，我聽到一位民眾問櫃檯怎樣可以加入志工。連這種小事，櫃檯居然都還廣播請志工督導下來和民眾說明。我心想，不就是六、十一或十二月招收，留意動保處公告即可。這麼簡單的一句話十幾年來沒有好好被寫出來。

時至年底，所內正在規劃隔年（二〇二三年）三月要搬到中繼站，以便原址改建。所內狗志工組正準備搬家這件大事，沒有餘力訓練新志工，故今年只招貓志工。外人以為只是「搬家」而已，可是對七百隻狗來說，要從牠們住的格子犬舍移進籠子，數量那麼大，可以想像志工的擔心。他們不想要狗被暴力對待。

*

志工的報名文宣是幾張公文的Pdf，說得不清不楚，像是沒做過行政一樣。報名條件之一是必須要先有「志工基礎訓練證明」，此課程由臺北E大辦理：

臺北E大網路課程網址：*https://elearning.taipei/mpage/*，註冊進入後搜尋志工基礎教育訓練課程並完成之。

光是要報名臺北E大，就要註冊，要有市民帳號，那相當麻煩，要拍身份證上傳，雖然和我申請採訪是一樣的，不過我相信對很多、有一點意願想要當志工的人來說，這層註冊、加上要拿到這張證明，會令很多人退卻。我向別的志工抱怨過這點，他們的意思就是沒辦法，必需面對這種麻煩。

我連上臺北E大，在課程裡也搜尋不到「動物之家、志工」、「志工基礎」的關鍵字。找了幾次自己都不耐煩了，後來直接問別的志工才找到。

臺北E大網路課程

在線上聽課六小時，加上十題選擇題測驗，達成時數、測驗也通過，就會獲得「志工基礎訓練證明」。有了這張就可以報名啦，加上報名表、疫苗接種文件，寄電郵到指定信箱。

一直了無回應。直到快上線上課時，我忍不住問了另一位志工，她說，都已經組群組了，後來我才知道，因為那個email他們寫在Pdf上我沒辦法直接複製，把兩個數字11看成英文ll。

令人無言的落後行政方式。我只能默默忍受「公家單位」的辦事。

天龍，可能是全國唯一一所有以上書面及實體「志工訓練」的單位。沒有一日志工、週末志工。據溫蒂說，曾經有過一次「清爽一日洗狗」，原希望趁夏天讓每隻狗都可以洗到澡，不過，實際做起來不容易。首先是參與的志工不多，來的民眾也不算多，兩個人洗一隻狗，組長一人看八、九組人洗，又要擔心他們和狗不熟會被咬，那天只洗了二十多隻。從那以後，他們就沒有再招一日志工的活動了。

報名後接著還有約二十小時的聽課、實習，還要考試、筆試、面試。有些人會覺得有用，我是覺得有點太麻煩了。不過這真的不好說，最關鍵的是帶志工的人，要是這人有一點點控制狂、不夠變通，志工就會流失得很快。每位志工要找到他喜歡做的、能夠幫忙的事，還要沒有人會去指責或說三道四，實際不容易。我這一梯二十七位，一年後還來的不到五位。

*

當時因為疫情持續，我們這一梯是採線上課，所有講者都沒有露臉，我們也不知道誰是誰，感覺所方以一種「做了就算」的態度了事。線上五小時課依序是收容所組長、志工督導／動管員、貓志工組長，以及講貓行為學的志工。

他們使用的線上課平台是那種沒付費的，每次上到一小時就會「會議結束」跳出來，全部人又要再進去一次。我首次體會到一直被打斷的感覺，這還是「公家單位」的課！

收容所組長給志工們上課的一小時，其中一張投影片寫到：
收容所的善與惡
「善就是我們收留牠們，惡就是把牠們關起來。這也是不得已的。」
「每年有三千隻動物進出。」
「這棟建築物設計原本能收容狗四百五十隻，貓一百六十隻。」（二〇一二年改建。）
「目前是六百八十隻狗、兩百六十六隻貓。」（二〇二一年十二月中的資料。）
「一九九九年前，流浪狗是由環保大隊去抓，抓回來七天內就會安樂死，所以也不需要什麼空間收容。」（那時他們處理掉狗，是像處理垃圾一樣。）
「天龍收容所是二〇〇〇年動保法上路後，天龍市政府給一筆經費建的。」
「因天龍市難以找到建地，先臨時建在垃圾山上，地下都還是垃圾。」
「二〇〇〇年叫『安康臨時棄犬收容中心』，二〇一三年改建過一次。」

今生好好愛動物

以下是我自己的補充：

當時台灣有幾家都用了「棄犬收容所」的字樣，或是「流浪犬收容所」。

台灣很多收容所都是在「垃圾山」、「資源回收站」、「水肥廠（糞水）」裡面或旁邊。

例如：

三重市公立流浪犬收容所（垃圾轉運站旁）

八德市公立流浪犬收容所（資源回收場內）

大溪鎮公立流浪犬收容所（垃圾掩埋場旁）

中壢市公立流浪犬收容所（公有垃圾場內）

新竹市政府棄犬中途收容中心（水肥場內）

苗栗市公立流浪犬留置所（公墓後的垃圾衛生掩埋場內）

竹南鎮公立棄犬留置所（垃圾衛生掩埋場）

竹南鎮苑裡鎮公所流浪犬收容所（垃圾掩埋場外）

台中市動物防疫所（水肥場內）

大里市公立臨時流浪犬收容所（垃圾掩埋場內）

太平市公立臨時流浪犬收容所（資源回收場內）

沙鹿鎮公立動物收容所（垃圾掩埋場）

后里/潭子/豐原公立聯合動物收容所（環保公園旁）

霧峰鄉公立動物收容所（垃圾分類處理場大門內側）

南投縣家畜疾病防治所（清潔隊停車場）

員林鎮公立流浪狗中途之家（垃圾掩埋場內）

（現在沒有「收容所」這個字眼了，用「動物之家」或「動物保護教育園區」。）

收容所組長沒留時間給大家問問題。

「我們真的很忙，有什麼問題請找督導。」

「我們是在維持收容所的整體運作，沒有人養過一千隻動物，我們全部也才十三個人而已。」

「清潔人員離職率平均每個月百分之二十，有三至四人會離職。」

……

收容所清單資料來源：2020-12-19

小雁給志工們上課的一開始，就放了好幾張在收容所（特別是爆籠後的鐵籠區）拍的貓臉部照片給大家看。

　　——你們覺得這些貓的感受是什麼？

　　——害怕

　　——驚恐

　　——困惑

　　——好像很想找地方躲的樣子

　　——沒錯，牠們突然被抓起來關在這裡，就是害怕與困惑。

　　——到貓籠前面，不要馬上開籠，要先在前面一陣子，把身體放低，讓貓看到你。貓是喜歡觀察的動物。

　　——籠子裡有幾隻貓，就用幾支木片，沾肉泥。像你的手指一樣攤開，看誰會來吃。這樣幾次後，才可以開籠。

　　——摸貓的時候，不要馬上摸貓的頭。

　　——如果有陌生人馬上摸你的頭，你會有什麼感受？

　　——在我眼中，沒有一隻貓是脾氣差的。牠們只是害怕，越兇的表示越害怕。

今生好好愛動物

布的由來：

清潔先生給我看一隻貓因為冷，抓籠子外的蓋布把自己包起來、包成一顆粽子的照片。

「這是我早上來的時候拍的。」

看了那張照片，我意識到自己可以做什麼。

「這布掉下來了。」當時我還不能開籠，意思是得請他把布放回去。

「牠們只是要搶這塊布。」他在把布鋪平的時候，兩隻貓在旁作勢已經要撲上去。

「這裡沒有開暖氣？」

「沒有啊，有一個暖燈，給小貓用的。但是只能在我在的時候開，我下班後就要關掉。」

「喔，也是，火災很可怕。」

「那如果很冷呢？」

「一直以來都是這樣，他們覺得冷不死吧。」

冷不死？的確不至於冷死，但為什麼不讓牠們好過些呢？

貓很怕冷。住在家裡的貓冬天都往棉被上或被子裡鑽，就知道貓很怕冷。

於是我和溫蒂要布。她有去收一些紡織工廠的布或者旅館退出來的浴巾。試試看鋪布在鐵線層板上，讓牠們可以「有一塊布」。

於是我和馬沙在愛滋貓互動室弄布給貓籠。那天她慣例遛完狗，我很不好意思地麻煩她，因為就是沒人了！我還不是正式志工，要有人一起。

「我的襪子都濕了。」

「為什麼？」

「洗雨鞋時不小心就噴進去了。」（當時是冬天，她還是幫我弄完，還要開一個小時的車程才能回到家。）

「以後就沒有這裡了。」

「什麼？沒有貓互動室？」

「那邊（中繼站）都是籠子，所以小雁沒有教你們貓房的親訓。」

唯一沒有籠子的貓房要消失了！以後牠們都要住籠子了！媽呀！

為什麼是倒退的？（所幸後來中繼站經過幾個月的調適後，做出了一個沒有籠子的貓空間，一樣是愛滋貓房。）

乍想起之前有位志工說：「收容所不會更好的，他們連人命都不管，他們只會維持基本的而已。」

後來，我想到可以用舊布編毯子，便和兩位志工討論要怎麼進行，邊做每個動作都邊要知會督導。我體會到公家單位的官僚，直接在外面隱藏收容所名目號召大家做，再搬去給貓還比較簡單。我帶大家做以貓層板大小打造的簡易手編毯，但無法講究牢固度，當時只想用過一個冬天就丟。沾到嘔吐物、食物、貓毛，或是貓去咬拉，使用壽命很短。髒了就丟，我和清潔這樣講。

當時我遇到一位很用心又有很多布邊的好心人，後來做了幾個寄來，美得我自己都很想用，不過真的冬天過完也丟得差不多了。下一個冬天是一位志工在網路上買，花了四、五千塊吧。那些用到了現在。現在看到籠裡的那些「布」，就是這樣來的。

還有一次是幾位零星志工在大廳做，當時清潔先生拿了個塑膠收納盒給我看。

「這是我的珍藏品。」

「什麼！貓鬍鬚！還有一顆貓牙齒！」

「天啊！好多！你蒐集多久了？」

「一年。」

「你在這裡一年？」

「一年四個月。」

「哇……」

「有時候沒有收集啦，要看心情……」

「嗯，髒掉就不收了吧。」

「你看看能不能做成什麼藝術品，拿去拍賣捐給動物……」

「我沒有這種等級啊……」

（貓鬍鬚：傳說中的超級吉祥物，在日本傳說可以消災解厄。在網路上可以拍賣，不過我沒有這方面的門道。）

（第一次幫鐵籠的層板鋪上一塊布，還得固定兩頭，他看我做一次，說可以幫我做，要我先去後貓舍鋪，我滿心感謝。因為他是鋪布最好的人選，他和那些貓熟，我手伸進去風險很大，可又不想開口請他弄，因為我知道清潔的工作已經很辛苦。）

一個人採訪的開始：

「二流實踐者比一流藝術家了不起。」

採訪日記

二○二一年四月我獲得「臺灣書寫專案」獎助，為了更深入接近收容所的人事物，六月中我接手志工團的一隻癌症狗，從收容所保出來就醫的狗；九月領養了家裡第三隻貓，在收容所待了兩年多的三腳貓巧巧；十二月加入志工行列，二○二二年三月成為正式志工迄今。本書內容經多次增補，以求更多角度揭開收容所面紗。

今生好好愛動物

2021年4月：一個人採訪的開始

◎二流實踐者比一流藝術家了不起。

◎然而報導者的立場正好相反，大家都說「好」的時候，他應該要說「不」，盡可能向他人揭示出選項。

◎我的目標是，以一般讀者代表而非特定領域的狂熱份子發問，寫出的報導要讓原本對該主題一無所知的人讀了也會感興趣，會想去那地方看看，想見見那個人。

◎一個人，意即沒有商量對象，因此不會妥協。對「無論如何都想去做」的念頭而言，「夥伴」可以是助力，但有時也可能成為障礙。

◎有一本書自己無論如何都想閱讀，但它根本還不存在於世上。

◎「會過的企劃」是什麼？就是內容大家都懂的企劃。⋯⋯簡單說，就是用別人已用過的梗，這根本不可能得到炒冷飯以外的成果。

◎採訪要訪的不是「你知道很有趣的東西」，而是「好像很有趣的東西」。

◎我從那位總編身上學到很多，其中最身體力行的就是「不要設定讀者群，絕對不要做市場調查。」不要追求「不認識的某人」的真實，而是要追求自己的真實。這教誨也許就是我編輯人生的起點。

　　　　　　　　　　　　　　　　　　　　　　——《圈外編輯》，都築響一

　　最早的時候，有一個聲音，說我不能一直寫自己的東西，要我走出去。

　　我對台灣只有一個問題，就是動物收容的問題。我很想知道台灣人為什麼會製造出這樣的收容所？很想知道人們為什麼可以容忍貓狗生活在這樣的環境？很想知道動物在裡面受到的待遇、牠們的每一天；很想知道這麼文明的台灣、這麼高文化水準的台灣，為什麼、為什麼會有這麼可怕的收容所，所以我去了。

　　這個問題沒有人可以回答，只有自己去探。

　　我每次都用《圈外編輯》的這句話激勵自己：「二流實踐者比一流藝術家了不起。」

　　當我得知計畫獲得補助時，我的想法是，我想找人陪我去，但最後我決定一個人採訪。看了《圈外編輯》後我更熱血沸騰，堅定我一個人行動的想法，並回

想自己一開始想拉人一起壯膽，是因為對場所陌生。不過，慢慢從多方面接觸後，發現並沒有什麼可怕、危險之處；加上我喜歡一個人做事，找來的共事者如果無法好好配合，也會徒增我的困擾。

不管平常做什麼工作，每個人都有「社會責任」吧，不能對外面的事情都視而不見吧。一開始我也並沒有想要餵浪貓，只不過是遇到了，搞了很久才摸熟，差不多有一年，才慢慢穩定下來。家裡有貓是第一步、照顧社區的貓是第二步、現在就去看收容所。如果我個人對動物的經驗沒有累積到一個地步，一下子去收容所看到的也會有限。

這個案子背後，我用三大書系支撐：一是「動物權益」歷史、知識類；二是「集中營」系，或說是「普利摩‧李維」的書；三是「圈外編輯、採訪」類。

「動物權益」的面向很多，流浪動物只是其中一環，其中海洋、昆蟲、畜牧、動物肉品等都是。流浪動物和「安樂死」一字緊密相關。還有書說「動物之家」不是「Shelter」，而是送死之地。這句話必須切記，在我後來一年的志工日記裡，很有體會。

「集中營」的經驗是可以作為「收容所」借鏡的。動物被關在裡面這麼久，每天和自己的屎尿睡在一起，基本上已經成為囚犯，而且貓連放風的時間都沒有。普利摩‧李維的經驗是，只有那些有特權的才有辦法活下來，一般人撐不到三個月。動物的「特權」是什麼？我後來也很快地明白了，長得討喜、親人的動物尤其被工作人員喜愛；但志工的涉入，打破了這種「特權」，他們要讓每一隻動物都可以有一樣的待遇、都可以好好被對待。動物們可以每天有兩餐食物，看起來「活下去」不是問題，可食水都只是非常基本的生命需求（連年沒變化過的飼料），動物絕對還需要「活動」、「聞嗅」、以及心理層面「沒有恐懼」、「沒有壓力」地活著。雖然志工們力求平等，但每一位志工多少都會有「偏愛」的動物，我不想用這些動物因此有了「特權」來解釋，牠們可以多放一點風、多吃到一點外面的食物，畢竟志工個人的力量很有限，就像那位偷拿食物給普利摩‧李維的陌生人，他無法給全部的人。

今生好好愛動物

2021年5月：第一步，申請採訪

二〇二一年五月初，我先打電話到天龍收容所詢問採訪事宜。有位負責這類業務的李小姐，她說必須透過市民平台，我說上面只有寫攝影申請（我看了N次），她說那是一樣的，我到那刻才知道「攝影」和「採訪」指的是同一件事。

天龍市民平台已經是一個搞死我的東西，要先註冊，還不是那種很快就可以完成的，手機簡訊收到密碼回傳後，設密碼還得像蘋果那樣有一個大寫，還得拍身份證正反面。因為我是居留證，寫居留證號碼馬上被拒絕，說格式有誤，隔天再弄才發現外國人要從另一個選項登入。

好了，有了天龍市民服務大平台帳號，我很快整理出一份計畫書、訪綱上傳，發現還要上傳個人照片，好了，收容所的採訪前置這麼層層把關，申請填表，後來通知已經通過，出現一行字：拍攝完成若損及本處形象或違反注意事項、相關定法令時，本處得要求修正或停止公開播放，如致本處受有損害時，除應負賠償責任外，並負相關法律責任。

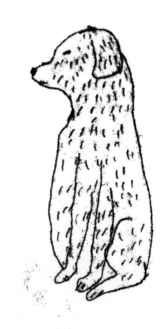

我心想，如果是事實的話，你們又覺得有損本處形象了？或者我最後卡在審查這關而被改到面目全非到符合政府單位形象，那我不是白做了？

隔天，我依信函上的訊息打給李小姐，她問了一次，你要問我的問題就是這些嗎？是的。不用太老實，我再次說明一次我有三項需求，一是參訪，二是採訪（觸及的人越多越好），三是志工課旁聽。被採訪者由她安排，我提出想採訪收容組組長，她的意思是對方不見得有空，我說我可以配合對方的時間。每一位採訪者我僅用一小時，如果不夠，再約下次。我的預想是一小時肯定太簡化，但畢竟我在他們的上班時間採訪，不敢占用太多時間，先有第一次再說，看看哪位採訪者比較能講。

我說請讓我跟團體參訪，最近有沒有什麼單位要參訪？一開始她說要問一下別人的意願。隔天我打去，她說下週四五、下下週四五都有，是一些國小；不過在五月十日那週，天龍市還在二級疫情，收容所已經很果決地告訴我，一直到五月底的參訪都會取消。

我的第一輪採訪，她說五月是議會月無法（我不是很明白），但也尊重，所以緊接著排在六月初，不過隨著五月十六日天龍市疫情升級三級警戒，全部取消。

志工課由另一位同事負責，她現在不在位子上，分機○○○。

因為這個案子不限一所天龍收容所，所以我也關注了板橋及中和收容所。正好看到板橋收容所在召志工，貓、狗分開召，它開出幾個日期、時段，只要用臉書訊息報名即可。我馬上報名了一天貓的，不過又因疫情升溫，我小孩無人可托，無法自行前去，不得已取消。

　　在我接觸收容所之前，透過東湖的學貓過（學貓過貓咪中途愛心照護協會）認識了一位天龍收容所的十多年志工，五月也安排了一場採訪。她在送養中心當志工，我也想去看看。但疫情三級，我自己先取消，我小孩無法去上學、去安親班，在疫情下，去哪裡都不妥，在家又沒人看他，因此我排了滿滿一堆，全部，幾乎間接因為小孩的關係都取消了。

　　那位志工又介紹了我狗志工的組長，我加她臉友時隨意瀏覽了一下，發現志工又開了一個叫「貓狗同樂會」的粉專，我看到一隻癌末的狗要找家，醫生說時間不多了。我突然覺得「我可以！」，因為這疫情接著半年我也回不了故鄉、出不了國，或許就來照顧狗吧。我留訊息給貓狗同樂會，超過一天對方都沒有回覆。我直接問了狗志工組長，我們打電話了解狗的狀況，她也很快介紹給我目前在照顧狗的志工，因為我們住附近。當天，在疫情還未三級前，我們約在公園見面，一起遛那隻狗。

那隻狗剛好在我家走路可到的診所做化療，隔天安排我去接狗出來放風，我遛一小圈讓牠解放完畢，再拉回我家看看。我開心地把照片傳給狗志工組長看，沒想到她久久沒回，也沒有開心之意，我心裡有些納悶，後來和志工碰面交回狗，才知道組長打電話給她，意思似乎是我不可以先把狗帶去我家，因為那隻狗目前是由志工負責照顧的。

　　接下來，要怎麼交手的後序，她完全沒有再提。我心裡好納悶。好奇怪，有人要接手這種爛牌，你們怎麼不主動一點？

　　不過，我又得知一個傻眼的事情。原來交給志工照顧狗，他們是要簽約的，志工說，她簽約是到六月底，提早就是毀約。合約結束後，她意志堅決不會再照顧這隻狗，除了她自己一人住，她說了句令我心寒的話：我想花更多時間在自己身上。我問她如果我有事可以幫我顧幾天嗎？畢竟狗跟過她幾個月，她又堅決地說，你可以送去寵物旅館。我很不解這種不近人情，只能摸摸鼻子，一份對狗的善意被這兩個當事人搞壞了。

　　和志工一起遛狗時，我隨口問她志工課程，她說是上線上課，還有實體課，我問她有幾人，二十幾三十吧！這麼少？還有一些不活躍的。還會再去嗎？一個月會去一次吧，很累。我沒有直接問她去參加志工的意圖，首先，她看起來不是愛貓或狗的人，因為她沒有養過。當然這不是絕對的理由，可是從我的天線我很快得知這人是不是因為真正愛過一隻貓狗，進而對其他動物也愛屋及烏，就像一個生過小孩的人才會真正知道箇中滋味。

　　對於她堅決不再照顧狗這件事，我一直難以釋懷。不是沒幾個月的生命了嗎？你捨得牠嗎？（沒想到我自己照顧九個月後也投降了，轉手給第三個人，而且完全對癌症狗沒有產生情感。照顧者的角色已經顧不及玩，只有滿滿的穢物要處理。）

　　我會去收容所看牠，志工A只是這樣說。有些人去當志工不是因為愛動物，而是想增加生活的履歷、增加一筆良好紀錄。他們不想付出更多的時間，更不會投入感情。一個月一次的頻率就夠了。真正的志工，一個月一次也太少了，太生疏了。

她還告訴我，養這隻狗也算時數。我聽了微微心寒。

她說她這叫做當「保母」，「保母」和「領養」不一樣，當然她不需要幫狗添購任何東西，狗碗、狗糧、罐頭、狗床，連雨衣都有，我心想不會因為我是要「領養」，連牽繩都要自己買吧？可我收養一隻癌末的狗，不叫「保母」叫什麼？如果他們要就字面意義，或因為我的身份「不是志工」的話，我還滿在意我不能享有直接移交的一套用品，因為錢要花在刀口上。

疫情三級七天，看到老志工貼文，說動物之家因為疫情不對外開放，所內動物還是增量，對外募集籠子，請大家寄去。看了這貼文我兩處納悶，一是到底誰會在這種時期把動物送去？太天真的人嗎？不知道裡面的狀況嗎？我下次得問問。第二個傻眼是「寄去」？那折疊籠我家現在有一個，其一就算折疊起來還是很難包裝，現下誰敢為了這個去郵局？你為什麼不說歡迎直接送去？有車子、摩托車的人都可以送去，至少比去郵局的風險少一點，而且光是包裝已經搞死人，你去哪裡找包裝材料包一個籠子，就算是折疊的？

五月底，狗組長也完全沒有主動提起領養病狗的後序。我這麼認真去了解狗、和狗碰面、帶狗回家，這些領養的前置作業都做了。

至今，我沒有問她為什麼，可能是太忙了，也可能是不信我真的要接手吧。

半年後，癌症狗倒下去時，她給了我很多支持與協助。我實際感受到他們對動物的關愛。癌症狗的事無法在此詳述，那是本案的一個分支。

　　八月中起，我去了N次收容所。這還只是個開始。過程中不時冒出各種想法。每回去都是一個未知，不知道會聽見什麼、看見什麼、遇到什麼。豔陽令我卻步，可每曬過一回，好像也變得幹練一些。每次從捷運走到那台北邊陲，一路上沒有動物之家的指標，那裡大卡車特多，車子飛速駛過，一條人行道、斑馬線也沒有，更不用說公車很少，會經過一座小廟、一個資源回收站、家具廠、車廠、交車中心（兩、三位志工都不約而同地說，走這裡好像會被車撞。後來志工帶我走另一條比較安全的路）。

　　回來身體總是熱熱的，心也是全熱的，腦子滿滿的。我沒有錄音、沒有正式訪談、只是用我的腦子記、用手機拍照喚起一些記憶。回家後我開始打字，生怕幾天後就忘了。我不時要退出去看看這塊拼圖拼到哪裡了，現在要拼哪兒，要往哪兒去。

　　我沒有馬上就開始採訪，因為怕問題太蠢。有時我覺得，無意間的對話會更真實，從看見他們正在做什麼會更真實。我內心忐忑是因為這議題太龐大，收容所又異常敏感，好像一個地下動物監獄，一方面維持表面，一方面內部不容任何外人進入。

　　　　　　　　　　　　　　　　　　　　　　　　　　　今生好好愛動物

　　當時我決定一個人採訪，經過這幾次後更想，還好我是一個人。這場所內部的人都穿制服，我第一次發現制服的威力，志工也一定穿圍兜，外人就像一個紅點那樣明顯。進入裡面，我會期望自己長得更小、更沒有體積感、更不要拿大相機超級引人注目，所以我也只充飽手機的電而已。一個沒有攝影尾隨、沒有拿相機的採訪者，對象會比較自在。再來是場所太醜，不管你怎麼拍拍出來的東西都是沉重的，也不會有人想看，所以我沒有要用照片。

　　（不過後來，我發現照片也並不一定沉重，特別是志工們、工作人員和貓狗在一起的照片，更是觸動。）

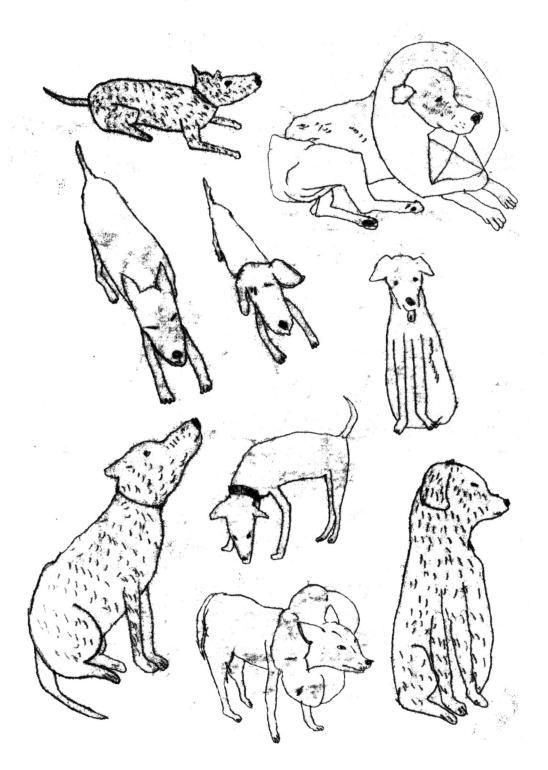

今生好好愛動物

連去了兩天收容所後，那天中午，我身體突然有些不適，下午本來要去看訓練師點交，但提早返家。回家後躺了整整一個下午，頭暈想吐。

我的貓友說，她去過一次回來後病了三個月，在有安樂死的時候。我兒子去過一次，我問他會不會想再去，他大叫，那麼噁心的地方誰會想去！這回莫名其妙的頭暈想吐也令我產生陰影，從那天起我幾乎沒有勇氣再去收容所，身體的不適和這空間有了連結。不過我休息了五天後又去了，但待的時間不敢太長，也暫時先不再進去惡犬室。

準備這個計畫時，我心裡的擔憂有二，一是收容所空間帶來心理與身理的不適；二是收容所人員不願意接受採訪。其實這兩件事我都遇到了。好在透過「志工」這種灰色地帶的身份，收容所的面紗才得以一點一點揭開；好在透過志工的所做所為，可以蓋過場所給人的不適。事實上，跟著志工他們盡己之力獻給貓狗的善意，我自己也深受觸動，甚至某一天，離開收容所的返程中，我感到前面一片亮光，感到自己擁有未來可以去當貓志工的天賦。

　　*
工作人員心裡可能想，我花時間和你說這些有什麼用？第一線一大堆事情要做。
　　像清潔先生沒有接受我的採訪。一則我不知道承辦人員如何和他說明的，二則對處在第一線的工作人員來說，他也會想，你採訪我要幹嘛？不過，我喜歡看他們和動物接觸，這點最真實。他們有時會摸摸幾隻熟的貓，那個動作裡就有一種熟稔的喜愛。有次我看到一位獸醫師經過某個貓籠，快速逗摸了一下某隻被退養兩次的貓。

好在，感謝志工們願意帶我認識收容所，在完全不知道我會做出什麼事情的情況下。說真的，誰不想在家裡躺平，要去那裡流汗，何況是一個「排斥採訪」的場所。我一度想要每天都去觀察，不過腦力、體力都吃不消。一週去兩、三天已經超量，而且我需要暫停一下整理資料和方向。一邊感受這種種，一邊想如果不是拿到國藝會的支持，我根本、絕對不會有毅力、有立場去付諸行動，我可能早就放棄了，為什麼要做這麼難的題目？有那麼多題材。

接觸收容所這幾個月，我慢慢地摸透志工和工作人員的「對立」根源：

對工作人員來說，這是一份「工作」，工作要有成效、有規劃、有紀律；對志工來說，這是一份「自己想做的事」，他們就是希望貓狗可以被好好對待。

也不是說工作人員沒有愛心，大部分會在這裡上班的人都愛動物，只是可能會有「意外」。只要一不小心進來的工作者起了厭煩動物的念頭，加上他手上的權力，無聲的動物就會成為受害者；可志工完全不一樣，他們對動物的愛與了解不是普通的，要是倦怠或忙碌，他們就不會出現，因此志工絕對是這群貓狗的守護者。

透過溫蒂，我也懂了「志工」與「工作」的本質差別，特別是在收容所這種地方，「志工」發揮的作用，關係到動物活著的尊嚴與品質。而「工作者」，特別是上層，光是讓這個動物大監獄可以每日運作，就難以顧及其他，只能讓動物很基本的吃喝拉屎。

今生好好愛動物

很多人會想，去了也不能改變什麼、做不了什麼。

我會告訴你，去了、知道了，就有可能改變什麼。

如果你無法領養動物，可以幫忙照顧動物。

如果你無法照顧動物，可以提供資金給照顧動物的人。

當然，更大部分的人是都無法。或者是，已經有在做，已經滿了。很多人雖然沒有去做志工，但已經是動物志工，一個人養了三隻貓狗以上的都算是動物志工了。

我在台北二十年，似乎就是為了做這件事。我想記錄台北的動物收容所、相關的一些人。光是記錄一間，已經夠多了。感覺發生的事、正在發生的事，永遠都寫不完。

我才去兩天、不到八小時的時候，已經看到很多東西，產出一萬字了。不過這也僅是資料採集，還要再更多十倍之後，再來剪接。

這半年，我採訪志工組長七次，每次至少三小時。在她身上有著收容所的時光機，她知道幾乎所有的事情，每次都聊到欲罷不能。

採訪過的工作人員有動管員、醫助、清潔、訓練師四人，以及志工八人，共計十二人（書中均大部分化名呈現，為避免被找麻煩，最保險的方式是消去真實姓名）。

田野、採訪紀錄共二十九次，後續則以志工身份浸泡平均一個月四次，至今超過一百小時。

*

收容所的一天解答：

7：00 清潔報到，開始打掃

8：00 獸醫、醫助、動管員報到，餵食

8：30 清潔再掃一輪

10：00 開館，志工抵達

志工開始輪牽一籠一籠的狗出去外面的運動公園，大約十到十五分鐘，再換下一籠。一位志工一天可以遛十到十二籠，還有幫狗洗澡的志工。

來參觀的、來領回狗的、帶貓狗來打疫苗的，平日一個早上大約三到五組人。

例如：週三早上，父女檔（領養幼狗）、二男檔（看狗，離開）、領回大花狗的婦人、一家人帶貓來打疫苗、一個男的在櫃檯辦事（不明）。（如果沒有志工，動物就是二十四小時關在那裡。）

12:30- 1:30 櫃檯午休

1:30-4:00 志工服務貓狗；民眾參觀、領養

3:00 獸醫師、醫助餵食餵藥

4:00 閉館

工作人員還沒下班，動管員開始餵狗，訓練師也繼續親訓一些狗，清潔人員準時下班。

我不想用「集中營」來類比收容所，可越是了解，越覺得很像。

首先，動物沒有罪，只是人類覺得牠們「不是人類」，不容牠們生存在鄰里空間，被舉報的一律被抓去關。以及，生活空間擁擠、沒有個人空間。雖然沒做苦工，但取代的是被限制空間的無聊。生病受傷不會好好被對待，醫療品質差。沒有一批批被叫去洗澡，會有突然爆發的不明傳染病，一夜之間送出去好幾個靈魂，也難說有心術不正之人進來把難照顧的送去洗澡。

最像的是，當集中營裡的人類在受苦，外面的人類卻是過得好端端的。他們大約知道裡面正在發生什麼，但他們選擇沉默，繼續過他們的生活。

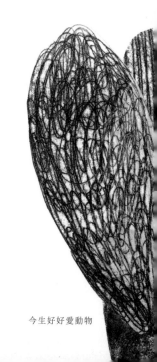

今生好好愛動物

去收容所

　　去收容所的巴士好像我的專車。這台公車一個小時只有兩班，假日只有一班。回程沒有巴士，因為這條路是單行道。問了好幾個志工，他們都說，回程就用走的。我也是用走的，走很快也要二十分鐘才會到捷運站。如果去回都用走的，會花一個小時在走路，還不加你坐捷運的時間。我問過幾位志工，還沒人住比我更近。其他人坐捷運至少半小時，騎車要整整一小時的也有。

　　每回上了這號巴士，人多會令我懷疑上錯了車。但往往很快會下完，沒有人和我一起駛向那無人的邊陲。從來沒有人和我在這一站下車過；就算偶爾有一位同站下車，方向總是不同。有時候，因為人太少，司機會熱情地和每一位乘客說早安、下車時說byebye。史無前例地，我也會熱情地回應他，因為，巴士上沒有別人。有時候我都很想和司機聊幾句，收容所對面是焚化爐給內湖區公民免費的泳池，所以這站也叫焚化爐站。他一定以為我揹了這麼大包的東西是要去游免費的泳；可我一次也沒去過，我鄰居是每天去游免費的泳的。

　　收容所在台北的邊陲，是實際地理位置上的邊、也是權勢上的邊；人們眼不見為淨。從捷運站出來，一個路標指示都沒有。會臭會吵沒有人要的動物放到沒人看到、沒人經過的地方最好。沒有市民會投訴，於是這裡方圓百里，沒有住家沒有店家、沒有行人。一天中可能只有一位志工行經這條路，頂多一位，因為去的志工本來也不多。這裡車速飛快，其他志工也說，走在這裡像會被車撞一樣。有志工被撞過、有逃出來的狗被撞傷、被撞死的也有過。

夏天時沒幾人膽敢走這一段，完全沒有丁點遮蔽，會被太陽吸乾渾身狼狽或脫水，身邊車速飛快，只要伸出一隻手搶包包或是開門擄人，在這裡也是叫天天不應的，好像棄屍在這裡也沒人會發現。雨天時人行道黏黏糊糊，好像什麼不明髒汙被排放到這裡，流到人行道上，要很小心不要滑倒。

　　在這個半數以上市民沒來過、不知道的收容所裡，關了快一千隻貓狗。七百隻狗的叫聲破天，三百隻貓的沉默吸附在鐵籠上。我去那裡給貓加菜。牠們平常只有採購標案的大包飼料，市面上沒見過的牌子，沒見過的包裝。幾次摸熟了那裡的作息生態後，想想自己對領養也無能為力，也不能老問身邊朋友要不要領養，問到最後肯定沒朋友；那就來豐富牠們的籠中生活，來給雞肉、不同的飼料、零食，還有貓抓板、貓草、小玩具。

　　去收容所總是孤單的，自己去自己回。到那裡也是只有我一個人類。貓志工平日不多，有時假日也沒有。去的意志要很堅定，去沒有半點好處，有人捐東西當我後援就助長了去的動力，去寵物店什麼都想買，永遠都買不夠，什麼東西去到那裡一下就沒了。一包飼料、一包小魚乾、一箱罐頭一個小時就沒了。家裡貓不吃的，去那裡大家搶。我都不太敢開罐頭，一開前後左右四面八方的貓開始狂叫，我要我要我要，沒分到我也愧疚，必準備人人都有的份；大家只分到一點點。每次我餵光光了，一刻也無法久留，不忍心再聽到牠們喊餓。

去了幾個月後，不去就覺得過不去，一次一次地去。自己沒開伙沒下廚，每週只為牠們煮一鍋雞肉，厚臉皮和人要雞肉費。前一天要退冰、要蒸、要冷卻、要手撕雞肉、要洗很難洗的鍋子。為牢裡的動物做一件事，認真地做，定下心去做。我討厭看到在籠子前悲傷的人，因為悲傷沒用。你的悲傷會影響動物。你可以做點事、出點錢，補這個洞。每一所公立收容所背後都有志工隊，他們永遠需要醫藥費、罐頭、鮮食。

　　台北的雨天多、颱風多，那種天氣使得原本就沒幾人會去的收容所更是不見人影。只有少數意志堅定的志工，和那些狗見過面、和貓見過面，會牽掛牠們的志工會去。但因為是志工，去不去完全也是自由意志，沒有向誰負責。他們流的汗比裡面辦公室的人還多，他們比領薪水的人更熟、更在乎這些動物，志工們是負的，付出時間、錢、身心體力，沒有人給過志工們一杯水、一個獎金。

　　狗志工去遛狗、幫狗洗澡，所內的工作人員不做這些事。沒有志工，狗就是被關著。沒有走動空間。沒有志工進去前，有些狗就像一塊抹布一樣髒在那裡。被人養過的動物進到這裡，只有恐懼；在外面流浪的動物進到這裡，也是恐懼。密度這麼高、叫聲轟炸、屎味、尿味。弱狗、老狗、病狗被咬，躺在自己或別人的屎尿裡。一次又一次的血案、命案，沒有新聞報。沒有人想知道這些事。只有志工們在意，志工們花兩小時洗屎尿狗，幾年沒被洗過的狗；把傷狗帶出去醫，還得自籌醫藥費。我見過一隻老了看不到的狗被咬，志工帶出去醫好了。想盡辦法送養，不要再回到那可怕的地方。

所內有一爬蟲區，工作人員取的。地上滿滿是站不起來的狗。有老了站不起來的、傷到脊椎癱瘓的、腦傷癱瘓的。民眾不會看到爬蟲區。這些難看。把難看的東西擋起來，是天龍國的作風。有親人的癱瘓貓，志工問，怎不放到外面給民眾領養？難看。又是這個答案。一些學校團體會去參訪，他們也看不到爬蟲區。

　　民眾也不會看到原址的兩百多隻狗，還有一間連一般志工都禁止進入的大型狗房。我進去過一次，一隻一隻大型犬，像老虎那樣逼近鐵條門。牠們發出的吠聲令人耳聾。至於留在原址的狗，是因為原址要拆掉重建，大家都搬去中繼站；可狗放不下，加上原址又喊出原物料上漲沒錢重建。那裡就像一個廢墟，沒有外人，禁止參觀。只有精簡的工作人員，我去時都害怕；可老志工在那裡的時間夠久，說我們習慣了，不怕。

　　民眾不會看到的可多了，連志工都被禁得緊緊的。我問我鄰居要不要去做志工？她問做志工有什麼好處？沒有好處。我做了一年，沒有丁點實質的好處。連吃飯休息的空間都沒有。工作人員有，志工沒有。我常很餓，可在那裡沒辦法吃東西。臭。唯一的辦法是把自己塞很飽再去。去半天三、四小時就體力耗盡。步出去馬上可以灌下一瓶飲料，平常一瓶一天也喝不完。回到家得馬上洗澡，怕把病菌帶回給家裡的貓，接著就是一陣虛脫倒在床上。

　　每每回來滿腦話想說，但沒人可說，沒有人對收容所有興趣。不管去哪裡，和什麼人說話，我滿腦收容所想說，可我知道沒人想知道。

尾聲　　　　　　　　　　　　　　　　　　　　　　　　　　　　409

收容所外面野鳥很多，特多的台灣藍鵲及八哥。一隻比一隻更肥，一隻比一隻更壯。每次來回都不得不留意到那些恣意停在草地上的鳥，和所內貓狗是天地的反差。我無心賞鳥，都急急進去收容所那扇小小的門，急急去給動物一點東西。在裡面我就專心把時間給動物，沒時間看手機。有次回家才看到清潔傳來收容所外出現的一道大彩虹，照片中入鏡了全部圍籬。什麼收容所、彩虹，當時我在裡面和一千隻動物一樣看不到聞不到吹不到。

　　棄養貓狗的人都說牠咬主人、會叫、或是老了、無力養。他們會滿臉委屈地小聲說，先顧好自己、先顧好自己。繳個不痛不癢的罰鍰，就永遠眼不見為淨。他們不知道習慣在家一隻的貓狗，進來一下子要和這麼多同類混在一起，大部分只會縮在一角，根本不敢動。有些是轉換環境的心理和外在等因素，沒有人有辦法再碰牠或牽出來。牠們後續如何，沒有人想聽我說，我知道。

　　去收容所的志工一個禮拜也只有十來個，雨天去的更少。不論風雨我都去，去時就是冷清二字。一整天，沒有一個民眾。有時候，我也會消沉、提不起勁去餵更多的貓。沒力了。因為那需要全部的專注力。常被抓傷。滿手的傷。一開始會記是哪隻貓抓我，不是記仇，是為了小心。幾次後也懶得去管了。剛開始會想戴手套，防抓，可去到那裡連手套都不好意思拿出來，也不會去想這事。有時候，連痛都忘記了。只有在打電腦時才看清楚手背上的抓痕。牠們因為太急、太餓、太想吃要來抓。不是因為兇。

某次冷清天，又雨又冷，我毛衣裡一直熱得很。我瞥見籠裡有一隻新丟進來的貓，趴在貓抓板上很不尋常的動作、很弱。我蹲下來小聲和牠講話，請牠放心，不要害怕。我沒有叫醫師，我感覺牠不要有人驚動牠。要離開的時候我又去巡一下，發現牠躺在貓砂盆裡，動作擺得很怪，像一個死人的動作，我小聲問剛好在那裡的清潔，你把牠抱進去的嗎？沒有，我沒有動牠。

　　我蹲下來看牠，覺得牠像是死了。我看到肚子還在微弱地起伏。後來再仔細看，被盆遮住的眼睛和嘴巴都是不自然地張開著。我心裡吃了驚，接著馬上意識到，我見證了牠的死亡。我第一次經歷了死亡。即便是一隻完全還來不及認識的貓，還是很想哭。我默念了經。清潔去叫了動管員，她在盆上蓋了一塊乾淨的布，外面下著冬天的雨，她說要把整個拿去診間放。我請她不要移動牠的身體，讓牠在那貓砂盆裡。那貓砂是乾淨的，很多害怕的貓都會坐在貓砂盆裡，因為牠們需要那個形狀，或者是砂子的溫度？後來我觀察到不舒服的貓也會坐在貓砂裡。

　　走出收容所的時候，我知道自己的體驗往下扎深了一層。那隻死在我眼前的貓是來告知我去更好地珍惜那些活著的貓的。牠們看起來日復一日在那裡，但有天牠們會死的，你知道嗎？你要牠們這樣活著一直到死嗎？在這裡，上面好像是失能的，失能的組織。身為志工，我們有申訴的管道，身為公民，也有投訴的管道，可是不管怎樣的意見，他們的回覆都像是機器人寫出來的。身為公民，不滿意可以再上訴，但再一次的回覆還是機器人寫的。

我想要長期收容的、難以被領養、不親人的貓可以住在非籠子區，動物有活動的需求與權利。可是我已經可以想見他們的回覆，目前空間被用盡沒有辦法等等。我第一次想當收容所組長。如果我是收容所組長，那麼多的空間，我看得到，你們看不到。我知道動物權利、動物需求；但裡頭號稱以動物為專業的人士，他們平常上班都關在辦公室裡，從來不出現在動物房裡。

　　我每次滿頭的熱，總有一天會變冷嗎？和他們一樣變成機器人。總有一天會選擇離開或視而不見嗎？人都是這樣的，顧好自己最重要，不要惹事最重要，不要煩惱那些不關你的事。人類都是如此。這一年來，我關注動物議題、讀了很多動保書，因為讀了書，我心裡很清楚，要做一個有道德的人。有道德的意思是，面對他者的苦難，不要視而不見，不要旁觀，至於能做什麼、做到了什麼，那就量力而為。

　　我把這些東西寫出來有用嗎？有用嗎？我問過自己千百萬次。

　　　　　　　　　　　　　　　　　　　　　　今生好好愛動物

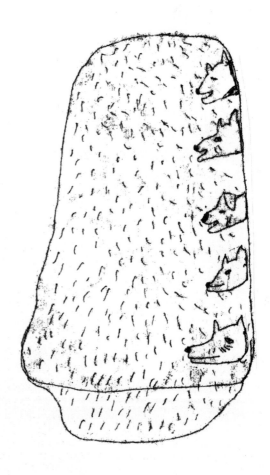

從天上看，人類看起來很小很小

人和狗，沒有什麼不同。

「希望政府知道源頭管制的重要，缺少人力和經費，末端的收容所根本無計可施；面對人們的辱罵，因為愛流浪狗，即使生病了也撐下去。希望藉由我的死，讓大家知道流浪動物也是生命，我選擇用同樣的藥物做安樂，希望對流浪動物有幫助，同樣是生命，不該有那麼大的差別對待。請重視生命。」

——簡稚澄遺書

動物沒有心機
比人好溝通

簡稚澄

今生好好愛動物

我們能夠認同所有的生物都一樣，光著腳睡在同一片土地上。

注五　該段為：我們在荒野中學來的功課變成自由的行為準則。我們能夠欣賞身而為人的耀眼智慧和性
　　　感聲音、社交欲望和倔強脾氣等特質，同時在看待自己與北美大陸分水嶺地區的其他生物時，沒
　　　有貴賤高下之分。我們能夠認同所有的生物都一樣，光著腳睡在同一片土地上。
　　　──《禪定荒野：行於道，醉於野，在青山中修行，與萬物平起平坐》，蓋瑞・斯奈德，果力文化
　　　（Gary Synder, *The Practice of the Wild*）

今生好好愛動物

每種生命形式都是獨特的，無論對人類的
價值如何，都應得到尊重，

為使其他生物得到這種尊重，人類的行為
必須受到道德準則的支配。

——《世界自然憲章》

Every form of life is unique, warranting respect
regardless of its worth to man, and, to accord
other organisms such recognition, man must be
guided by a moral code of action,

—— *World Charter for Nature*

Literary Forest 0182

今生好好愛動物
寶島收容所採訪錄

文字・插畫：馬尼尼為

封面插畫：馬尼尼為

封面設計：張添威

內頁排版：張添威

主　　編：詹修蘋

行銷企劃：黃蕾玲、陳彥廷

版權負責：李家騏

副總編輯：梁心愉

發行人：葉美瑤

出版：新經典圖文傳播有限公司

地址：臺北市中正區重慶南路一段五七號十一樓之四

電話：886-2-2331-1830　傳真：886-2-2331-1831

讀者服務信箱：thinkingdomtw@gmail.com

臉書專頁：http://www.facebook.com/thinkingdom/

總經銷：高寶書版集團

地址：臺北市內湖區洲子街八八號三樓

電話：886-2-2799-2788　傳真：886-2-2799-0909

海外總經銷：時報文化出版企業股份有限公司

地址：桃園市龜山區萬壽路二段三五一號

電話：886-2-2306-6842　傳真：886-2-2304-9301

初版一刷：二〇二三年十二月四日

定價：新台幣五四〇元

臺灣書寫專案

國藝會 NCAF

金格企業有限公司
馥誠國際有限公司

國家圖書館出版品預行編目（CIP）資料

今生好好愛動物：寶島收容所採訪錄/馬尼尼為文字.插畫.--
初版.--臺北市：新經典圖文傳播有限公司, 2023.12
424 面；17 × 23 公分.--（Literary forest；182）
ISBN 978-626-7061-96-1（平裝）

1.CST: 動物保育 2.CST: 採訪

548.38　　　　　　　　　　　　　　112017745